中国成就的世界意义

The World Significance of China's Achievements

陆小华　著

人民出版社

目　　录

序 章

中国人所做的事情、所取得的成就，从世界范围看有什么意义和价值？

在开始写作本书的这个秋冬，可能全球超过 50% 的勺嘴鹬都会来到江苏盐城东台条子泥湿地保护区觅食、换羽。十年前，学界估计小青脚鹬数量“全球不足 1000 只”。可在条子泥湿地，2020 年发现 1150 只，2021 年发现 1164 只，已经连续两年突破学界估计数量。在这儿发现的最大火烈鸟群体已经超过 10 只。条子泥湿地是太平洋西岸和亚洲大陆边缘面积最大的海岸湿地，也是黄海生态区内面积最大的连续分布泥质潮间带湿地，规模最大的辐射沙脊群，是全球最重要的滨海湿地生态系统之一，也是全球九大鸟类迁飞区之一的东亚—澳大利西亚候鸟迁徙路线上的关键区域，世界极度濒危物种勺嘴鹬以条子泥为主要集聚中转区。2019 年 7 月 5 日，在第 43 届世界遗产大会上，作为中国黄（渤）海候鸟栖息地（第一期）核心区，条子泥湿地成为我国第 14 处世界自然遗产。而对条子泥湿地等沿海湿地的保护，东台[①]从 20 世纪 80 年代就已经开始了，这对保护濒危鸟类和生物多样性意

① 1987 年，国务院批准东台撤县建市（县级），为省辖县级市，由江苏省盐城市代管。

义重大。东亚—澳大利西亚迁飞路线是世界上受威胁最严重，同时也是拥有最多濒危鸟类物种甚至是极度濒危物种的路线。黄海处于东亚—澳大利西亚迁飞路线的中间地带，200 多种近 5000 万只水鸟在这个地区或过冬或在迁徙中歇脚。新华社对此进行报道时，用的小标题为《鸟儿用翅膀“投票”》。一位英国候鸟专家则是因为看到中国保护黄海湿地的成效，强烈呼吁能够影响世界自然遗产审议的人们投中国一票。她不仅为这块湿地的申遗提供专业咨询，而且在世界遗产委员会审议阶段一周内发动国际候鸟和湿地保护领域的60多个国际组织及专家签署联名倡议、声援。在第43届世界遗产大会上，她发言说：“在过去的时间里，中国、盐城对湿地保护的远见、抱负和承诺令人震惊，无人能及。”①她这样呼吁，当然不只是因为了解这块湿地的保护进展，更是因为看到了中国人持续保护这块湿地对人类和大自然的意义。

在世界各国的手机用户中，有多少用户使用中国厂商的移动应用软件（APP）？据 2021 年 11 月 16 日在谷歌开发者大会上发布的《2021 移动应用全球化指南》的数据，2011 年到 2021 年上半年，在 TOP1000 全球应用下载量中，中国厂商的占比从 8% 升至 14%。②这份报告分析了中国移动应用的全球化探索所经历的三个阶段：2011 年起是工具类应用；2016 年起内容类应用下载量攀升，变现模式逐渐跑通；2019 年起垂直类应用出现在全球排名 TOP10。2020 年，中国公司开发的短视频平台 TikTok 在美国、欧洲和南美等国家和地区的下载量都居第一，首超脸书（Facebook）旗下应用。根据 2021 年 7 月 Sensor Tower 数据，TikTok 和抖音成为目前第五款达到 30 亿次下载的非游戏应用，也是第一个全球下载量突破 30 亿次的非脸书应用。这让人们看到了中国移动应用在全球的影响。下载量如此大的重要原因，是

① 参见邱冰清、陆华东：《一位英国候鸟专家的中国情缘》，《参考消息》2022 年 1 月 13 日。

② 谷歌、罗兰贝格、大观资本：《2021 移动应用全球化指南》，2021 年 11 月 16 日，见 https://new.qq.com/omn/20211116/20211116A09GXZ00.html。

TikTok 帮助许多普通人实现梦想或难以梦见的成功，中国的移动应用帮助许多普通人找到人生舞台。美国《时代》周刊网站 2022 年 10 月 13 日报道说，一位来自塞内加尔的 20 岁下岗工人从 2020 年 3 月起在 TikTok 上发布视频展示生活常识，“他夸张的面部表情、滑稽的时机把控和搞笑的耸肩，为他的每条视频赢得了成千上万的新粉丝。”2022 年 6 月 22 日他凭借近 1.5 亿粉丝成为 TikTok 上最受关注的视频博主。两天后，意大利官方通过推特宣布，很快将邀请他宣誓入籍，他获得了意大利护照。①

中国是中国人的中国，也是身处人类社会的中国。中国共产党成立时只有 50 多名党员，经过百年来不懈奋斗，成为拥有 9800 多万名党员、领导着 14 亿多人口大国、具有重大全球影响力的世界第一大执政党。近代史上中国积贫积弱，国家蒙辱、人民蒙难、文明蒙尘，今天，中华民族迎来了从站起来、富起来到强起来的伟大飞跃，书写了几千年历史上最恢宏的史诗。党的十九届六中全会通过的《中共中央关于党的百年奋斗重大成就和历史经验的决议》（以下简称《决议》）总结了中国共产党百年奋斗的历史意义。正如习近平总书记在《关于〈中共中央关于党的百年奋斗重大成就和历史经验的决议〉的说明》中所指出的：“在全面回顾总结党的百年奋斗历程和重大成就基础上，以更宏阔的视角，总结党的百年奋斗的历史意义，即党的百年奋斗从根本上改变了中国人民的前途命运、开辟了实现中华民族伟大复兴的正确道路、展示了马克思主义的强大生命力、深刻影响了世界历史进程、锻造了走在时代前列的中国共产党，阐述党对中国人民、对中华民族、对马克思主义、对人类进步事业、对马克思主义政党建设所作的历史性贡献。这五条概括，既立足中华大地，又放眼人类未来，体现了中国共产党和中国人民、中华民族的关系，体现了中国共产党和马克思主义、世界社会主义、人类社

① 《从下岗工人到喜剧演员　找到人生舞台的意大利视频博主》，《参考消息》2022 年 11 月 1 日。

会发展的关系，贯通了中国共产党百年奋斗的历史逻辑、理论逻辑、实践逻辑。”

国际社会对中国、对中国共产党是非常关注的。中国共产党第二十次全国代表大会开幕前的 24 小时，至少有 64 个国家和地区 500 家媒体用 40 多种语言对党的二十大做了报道。其中最关注“中国式现代化”的国家和地区是美国。分析这些国家和地区媒体报道中排位前十的高频词，可以看到这些媒体如何关注报告中的“中国式现代化”。美国媒体报道中的高频词是“基础设施”，关心中国与世界的连接方式。有两个高频词只在英国媒体报道中一起出现，即“社会主义”和“理论”，与之同时出现的形容词是“独特的、文化的、自信的、富强的”，让人们看到英国媒体眼里的“中国式现代化”。“科技、工业化、数字化”是英国、土耳其媒体报道的高频词。印度、越南媒体的报道关注农业、乡村的发展机会。韩国媒体热议词是“共同富裕、市场经济、改善民生”。“中国式、文化、形态”出现在新加坡、澳大利亚媒体报道中。在中央广播电视总台这位分析者看来，“中国未来的创新、中国方案备受世界期待，是因为中国在世界期待发展的领域都交出了成绩单。”“这些词构成了属于中国未来的生活场景，中国智慧正在同世界各国共享，一幅图景慢慢展开。”①

中国共产党领导全国各族人民共同努力奋斗，如期全面建成小康社会、实现了第一个百年奋斗目标。中国共产党第二十次全国代表大会 2022 年 10 月 22 日胜利闭幕，标志着我们正意气风发迈向全面建设社会主义现代化国家新征程，向第二个百年奋斗目标进军，以中国式现代化全面推进中华民族伟大复兴。党的二十大报告作出一个重要论断：“新时代十年的伟大变革，

① 中央广播电视总台：《AI 描绘 110 万字外媒报道里的未来中国》，2022 年 10 月 25 日，见 https://mp.weixin.qq.com/s/0mBZWZb6FvVj3wd2yadh-g。

在党史、新中国史、改革开放史、社会主义发展史、中华民族发展史上具有里程碑意义”。如何准确把握“具有里程碑意义”？在 2022 年 10 月 24 日举行的中共中央新闻发布会从五个方面作了解读：一是锻造了民族复兴伟业的坚强领导核心，二是推动中华民族伟大复兴进入了不可逆转的历史进程，三是使中国人民更加自信自立自强，四是为世界和平与发展注入了强大正能量，五是彰显了马克思主义的强大生命力。这五点，不仅是从党史、新中国史、改革开放史、社会主义发展史、中华民族发展史层面的清晰阐释，同样也是从人类历史层面的深刻解析。新时代十年的伟大变革彰显了习近平新时代中国特色社会主义思想这一科学理论的真理力量和实践伟力，极大增强了中国共产党和中国人民坚持和发展中国特色社会主义的信念。中国式现代化增强了国际社会特别是发展中国家人民对中国的关注和对中国发展前景的信心。

从人类历史维度和世界层面认识中华民族悠久历史、灿烂文明的发展与影响，读懂中国共产党和中国人民的成就与经验，既是身处人类社会的中国人的基本思维方式，也是应有的认知框架。中国共产党一百多年来奋斗成就与经验的伟大意义，不仅需要从中国历史、中国共产党历史上深刻领悟，还需要从人类历史维度充分认识；中国共产党的历史贡献和重大全球影响力，也需要从世界层面用心体悟。新时代十年伟大变革的丰富信息和深刻内涵，同样需要从人类历史维度和世界影响层面观察、挖掘和解析。

第一章

绘就人类发展史壮美画卷

如何从人类发展史层面看新中国取得的成就？

观察、解析新中国的成就，可以先看看新中国的经济建设是从什么水平起步的。以作为工业化重要指标的发电量为例，有研究者分析相关数据发现：中国全国的发电量直到朝鲜停战以后才超过朝鲜半岛。实际上，新中国成立以前，发电量也比不过捷克斯洛伐克等欧洲中小国家。1949 年，南非的发电量是中国的两倍，日本的发电量是中国的 9.6 倍；而到 2020 年，中国发电量已经是日本的 7.4 倍。①

中国从四分五裂、一盘散沙到高度统一、民族团结，从积贫积弱、国力空虚到全面小康、繁荣富强，从被动挨打、饱受欺凌到独立自主、坚定自信，仅用几十年时间就走完发达国家几百年走过的工业化历程，创造了经济快速发展和社会长期稳定两大奇迹。中国共产党始终践行初心使命，团结带

① 1949 年中国发电量 43.08 亿度，1950 年、1951 年无数据；朝鲜半岛 1949 年 65.79 亿度（其中朝鲜 59.24 度，韩国 6.55 亿度），1950 年无数据，1951 年朝鲜 18.55 亿度，韩国 6.37 亿度。1952 年中国发电量 72.61 亿度，朝鲜 14.39 亿度，韩国 6.4 亿度。1949 年捷克斯洛伐克发电量 82.8 亿度，奥地利 55.1 亿度，比利时 79.5 亿度，挪威 150 亿度，瑞典 160.4 亿度。1949 年日本发电量 414.94 亿度，是中国的 9.6 倍；2020 年中国发电量 74170.4 亿度（国家统计局数据），日本发电量 1.0048 万亿度（BP 发布的《世界能源统计年鉴 2021》数据），中国是日本的 7.4 倍。参见宁南山：《新中国工业化的起点：1949 年我国发电量还不如朝鲜》，2022 年 1 月 22 日，见 https://mp.weixin.qq.com/s/9PEFivm-RnBilg7-KPfvF8A。

领全国各族人民绘就了人类发展史上的壮美画卷，中华民族伟大复兴展现出前所未有的光明前景。“中国是一个梦想成真的国度，这个中国梦始于100多年前，世代薪火相传，始终如一。”“在实现中国梦的过程中，中国共产党、中国政府、中国人民团结一致、上下一心，好似激荡的洪流般奔涌向前。”①

第一节 “当惊世界殊”的新中国发展成就

在中华民族伟大复兴的历史征程上，新中国取得了什么样的发展成就？

党的一百多年来的奋斗从根本上改变了中国人民的前途命运，创造了“当惊世界殊”的新中国发展成就，书写了人类历史恢宏奋斗史诗，创造了令世人瞩目的新奇迹。

一、改变人类最大群体的前途命运

中国是世界上人口最多的国家，中国人民这个人类中最大群体的前途命运，因为中国共产党的百年奋斗而根本改变，意味着人类社会的发展轨迹同样被深刻改变，意味着人类社会的发展态势在一定程度、一定范围被深刻重塑，人类社会的发展开始呈现崭新的局面。

经过28年浴血奋斗，中国共产党领导人民，在各民主党派和无党派民主人士积极合作下，于1949年10月1日宣告成立中华人民共和国，实现民

① 中国日报中国观察智库：《埃及前总理：中国和西方究竟谁创造机遇，谁挖下“陷阱”?》，2022年10月4日，见 https://mp.weixin.qq.com/s/Hvahu_kkZbqqXUwLCZDvUQ。

族独立、人民解放。中华人民共和国的成立，彻底结束了旧中国半殖民地半封建社会的历史，彻底结束了极少数剥削者统治广大劳动人民的历史，彻底结束了旧中国一盘散沙的局面，彻底废除了列强强加给中国的不平等条约和帝国主义在中国的一切特权，彻底结束了旧中国的屈辱外交，中国人民从此站起来了。中华人民共和国的建立，也极大改变了世界政治格局，鼓舞了全世界被压迫民族和被压迫人民争取解放的斗争。

从新中国成立到改革开放前夕，中国共产党领导人民完成社会主义革命，消灭一切剥削制度，实现了中华民族有史以来最为广泛而深刻的社会变革，实现了人口众多的东方大国大步迈进社会主义社会的伟大飞跃。新中国成立后，中国共产党领导人民战胜政治、经济、军事等方面一系列严峻挑战，实现祖国大陆完全统一，稳定物价，统一财经工作，完成土地改革，进行社会各方面民主改革，实行男女权利平等，荡涤旧社会留下的污泥浊水，社会面貌焕然一新。在错综复杂的国内国际环境中站稳了脚跟。1953年，中国共产党正式提出过渡时期的总路线，即在一个相当长的时期内，逐步实现国家的社会主义工业化，并逐步实现国家对农业、手工业和资本主义工商业的社会主义改造。1954年，召开第一届全国人民代表大会第一次会议，通过了《中华人民共和国宪法》。1956年，我国基本上完成对生产资料私有制的社会主义改造，基本上实现生产资料公有制和按劳分配，建立起社会主义经济制度。党的八大根据我国社会主义改造基本完成后的形势，提出国内主要矛盾是人民对于经济文化迅速发展的需要同当前经济文化不能满足人民需要的状况之间的矛盾，全国人民的主要任务是集中力量发展社会生产力，实现国家工业化，逐步满足人民日益增长的物质和文化需要。党提出努力把我国逐步建设成为一个具有现代农业、现代工业、现代国防和现代科学技术的社会主义强国，领导人民开展全面的大规模的社会主义建设，取得了伟大成就。

改革开放和社会主义现代化建设新时期所取得的成就举世瞩目，我国实现了从生产力相对落后的状况到经济总量跃居世界第二的历史性突破，实现了人民生活从温饱不足到总体小康、奔向全面小康的历史性跨越，推进了中华民族从站起来到富起来的伟大飞跃。这个飞跃的重要意义在于，中国共产党和中国人民以英勇顽强的奋斗向世界庄严宣告，改革开放是决定当代中国前途命运的关键一招，中国特色社会主义道路是指引中国发展繁荣的正确道路，中国大踏步赶上了时代。

在这一时期，中国共产党团结带领全党全国各族人民，围绕什么是社会主义、怎样建设社会主义这一根本问题，解放思想，实事求是，作出把党和国家工作中心转移到经济建设上来、实行改革开放的历史性决策，明确提出走自己的路、建设中国特色社会主义，制定了到 21 世纪中叶分三步走、基本实现社会主义现代化的发展战略。并根据国际国内形势发展变化，从我国发展新要求出发，一以贯之对推进改革开放和社会主义现代化建设作出全面部署，召开多次中央全会专题研究部署改革发展稳定重大工作。我国改革从农村实行家庭联产承包责任制率先突破，逐步转向城市经济体制改革并全面铺开，确立社会主义市场经济的改革方向，更大程度更广范围发挥市场在资源配置中的基础性作用，坚持和完善基本经济制度和分配制度。坚决推进经济体制改革，同时进行政治、文化、社会等各领域体制改革，推进党的建设制度改革，不断形成和发展符合当代中国国情、充满生机活力的体制机制。党把对外开放确立为基本国策，从兴办深圳等经济特区、开发开放浦东、推动沿海沿边沿江沿线和内陆中心城市对外开放到加入世界贸易组织，从“引进来”到“走出去”，充分利用国内国际两个市场、两种资源。经过持续推进改革开放，我国实现了从高度集中的计划经济体制到充满活力的社会主义市场经济体制、从封闭半封闭到全方位开放的历史性转变。为了加快推进社会主义现代化，党领导人民进行经济建设、政治建设、文化建设、社会建设，取得一系列重大成就。

党的十八大以来，以习近平同志为核心的党中央领导全党全军全国各族人民砥砺前行，解决了许多长期想解决而没有解决的难题，办成了许多过去想办而没有办成的大事，推动党和国家事业取得历史性成就、发生历史性变革，全面建成小康社会目标如期实现，彰显了中国特色社会主义的强大生机活力，党心军心民心空前凝聚振奋，为实现中华民族伟大复兴提供了更为完善的制度保证、更为坚实的物质基础、更为主动的精神力量。中国共产党和中国人民以英勇顽强的奋斗向世界庄严宣告，中华民族迎来了从站起来、富起来到强起来的伟大飞跃，中国人民这个人类社会最大群体的前途命运从根本上被彻底改变。

如何清晰简洁地刻画新时代十年的成就？《经济日报》曾用10组数据作为观察视角展现新时代我国经济取得的历史性成就、发生的历史性变革。

2013—2021年我国经济年均增长6.6%，高于2.6%的同期世界平均增速，也高于3.7%的发展中经济体平均增速，经济增长率居世界主要经济体前列。从分量看，2021年我国GDP占世界比重达到18.5%，比2012年提高7.2个百分点。我国是世界第二大经济体、第一大工业国、第一大货物贸易国，谷物总产量、制造业规模、外汇储备稳居世界第一，服务贸易、吸引外资、国内消费市场规模世界第二，形成了全球规模最大、最具成长性的中等收入群体。2013—2021年，我国对世界经济增长的平均贡献率达到38.6%，超过七国集团国家贡献率的总和，是推动世界经济增长的第一动力。2021年经济总量超114万亿元，彰显高质量发展成色。

党的十八大以来，我国粮食产量连续7年超1.3万亿斤，10年再上一个千亿斤新台阶。制造业增加值从2012年的16.98万亿元增加到2021年的31.4万亿元，占全球比重从22.5%提高到近30%，连续12年保持世界第一制造大国地位。根据中国国家外汇管理局2023年1月7日公布的数据，截至2022年12月末，中国外汇储备规模为31277亿美元。这约占全球外汇储备规模的四分之一。

十年来，我国科技事业实现了历史性、整体性、格局性重大变化，科技实力跃上新的大台阶。根据 2022 年 12 月 30 日召开的全国科技工作会议的数据：这十年，全社会研发经费支出从 2012 年的 1 万亿元增长到 2021 年的 2.8 万亿元，我国在全球创新指数中的排名从第 34 位上升到第 11 位，进入创新型国家行列，走出了一条从人才强、科技强到产业强、经济强、国家强的创新发展新道路。全国技术合同成交额从 2012 年的 0.64 万亿元增长到 2021 年的 3.73 万亿元。2021 年全社会研发投入的 78% 来自企业。高新技术企业从 2012 年的 4.9 万家增长至 2022 年的 40 万家，科技型中小企业达到约 45 万家，683 家企业进入 2021 年全球企业研发投入 2500 强。国家高新区总数从 2012 年的 89 家增长到 2022 年的 177 家。这十年，研发人员总量由 2012 年的 325 万人年提高到 2021 年的 572 万人年，居世界首位。内地入选世界高被引科学家数量由 2014 年的 111 人次提高到 2022 年的 1169 人次，我国科学家获得“诺贝尔生理学或医学奖”“克利夫兰奖”“维加奖”等国际重要奖项。这十年，PCT 国际专利申请量从 2012 年的 1.9 万件增至 2021 年的 6.95 万件，连续 3 年居世界首位；世界知识产权组织发布的《全球创新指数》报告显示，中国创新能力综合排名已经从 2012 年的全球第 34 位，上升到 2022 年的全球第 11 位。

十年来，中国货物贸易进出口量从 2012 年的 24.4 万亿元增加到 2021 年的 39.1 万亿元。以人民币计，2021 年中国货物贸易进出口总值同比增长 21.4%；以美元计，2021 年中国进出口规模达 6.05 万亿美元，这是在 2013 年首次达到 4 万亿美元后，连续跨过 5 万亿美元、6 万亿美元两大台阶。根据海关总署 2023 年 1 月 13 日数据，2022 年我国货物贸易进出口总值 42.07 万亿元人民币，比 2021 年增长 7.7%，首次突破 40 万亿元人民币关口，在 2021 年高基数的基础上继续保持稳定增长，连续 6 年保持世界第一货物贸易大国地位。

十年来，我国居民人均可支配收入实现了翻番，从 2012 年的 1.65 万元增加至 2021 年的 3.51 万元，年均名义增长 8.8%。全国城乡居民人均可支配收入比从 2012 年的 2.88 缩小到 2021 年的 2.5。全国 832 个贫困县全部摘帽，近一亿农村贫困人口实现脱贫，960 多万贫困人口实现易地搬迁，为全球减贫事业作出了重大贡献。根据 2023 年 1 月 17 日国家统计局在国务院新闻办公室举行的新闻发布会上公布的数据，2022 年末，我国登记在册市场主体达 1.69 亿户，其中个体工商户 1.14 亿户。而 2012 年底登记在册市场主体 5500 万户，10 年净增超 1 亿户。这是全球经济发展史上罕见的跨越式发展。

中国的空气质量有了历史性改善。2021 年，全国 $PM_{2.5}$ 平均浓度降到了 30 微克／立方米，达到世界卫生组织第一阶段过渡值；全国城市空气质量优良天数比率达到 87.5%，比 2015 年增长了 6.3 个百分点，重污染天数比 2015 年减少了 51%。十年来，我国地表水Ⅰ—Ⅲ类优良水体断面比例提升了 23.3 个百分点，达到 84.9%，接近发达国家水平。①

根据国家统计局 2023 年 1 月 17 日发布数据，面对风高浪急的国际环境和艰巨繁重的国内改革发展稳定任务，2022 年中国国民经济顶住压力持续发展，经济总量再上新台阶，全年国内生产总值（GDP）121.0207 万亿元，

---

① 参见金观平：《经济日报重磅评论！ 10 组数据，看新时代中国经济历史性跃升！》，2022 年 11 月 4 日，见 https://mp.weixin.qq.com/s/4w8g3IrqfaU47xyufLzbzQ。中国新闻网：《全国科技工作会议：全社会研发经费支出 10 年间从 1 万亿元增至 2.8 万亿元》，2022 年 12 月 30 日， 见 https://baijiahao.baidu.com/s?id=1753649110491853547&wfr=spider&for=pc。中国新闻网：《中国 2022 年末外汇储备规模超 3.12 万亿美元》，2023 年 1 月 9 日，见 https://baijiahao.baidu.com/s?id=1754514401842550573&wfr=spider&for=pc。中国青年报：《2022 年末全国登记在册市场主体达 1.69 亿户》，2023 年 1 月 17 日，见 https://baijiahao.baidu.com/s?id=1755241828085691051&wfr=spider&for=pc。

按不变价格计算，比上年增长3%。按年均汇率计算，121万亿元折合美元约18万亿美元，稳居世界第二位。①

今天，中国人民更加自信、自立、自强，极大增强了志气、骨气、底气，在历史进程中积累的强大能量充分爆发出来，焕发出前所未有的历史主动精神、历史创造精神，正在信心百倍书写着新时代中国发展的伟大历史。对比谭嗣同“四万万人齐下泪，天涯何处是神州”的慨叹，鲁迅“灵台无计逃神矢，风雨如磐暗故园”的悲愤，“中国人民从来没有像今天这样充满自信”，这样“把中国发展进步的命运牢牢掌握在自己手中”。②

二、书写人类历史的恢宏奋斗史诗

新中国成立后短短70多年，不仅实现了从高度集中的计划经济体制到充满活力的社会主义市场经济体制、从封闭半封闭到全方位开放的历史性转变，而且，历史性地解决了绝对贫困问题，创造了人类减贫史上的奇迹，将发展成果惠及每一个中国人。无论是在中华民族历史上，还是在世界历史上，这都是一部感天动地的奋斗史诗。

坚持全心全意为人民服务是中国共产党的根本宗旨，为中国人民谋幸福、为中华民族谋复兴是中国共产党的初心使命，以人民为中心是中国共产党所践行的发展思想。中国共产党对人民作出了承诺。中国共产党最讲认真，言必行、行必果，说到做到。正如习近平总书记在广西考察时说过的那

---

① 新华社：《2022年我国GDP突破120万亿元》，2022年1月17日，见http://www.xinhuanet.com/mrdx/2023-01/18/c_1310691585.htm。

② 《习近平在省部级主要领导干部“学习习近平总书记重要讲话精神，迎接党的二十大”专题研讨班上发表重要讲话强调　高举中国特色社会主义伟大旗帜　奋力谱写全面建设社会主义现代化国家崭新篇章》，《人民日报》2022年7月28日。

句话："中国人说话、中国共产党说话、中国共产党的领导说话是算数的！"

在这部奋斗史诗上，既有波澜壮阔、恢宏壮丽的乐章，也有感人肺腑的意象和动人心魄的旋律。新中国成立后，经过几个五年计划，我国建立起独立的比较完整的工业体系和国民经济体系，农业生产条件显著改变，教育、科学、文化、卫生、体育事业有很大发展。"两弹一星"等国防尖端科技不断取得突破，国防工业从无到有逐步发展起来。人民解放军得到壮大和提高，由单一的陆军发展成为包括海军、空军和其他技术兵种在内的合成军队，为巩固新生人民政权、确立中国大国地位、维护中华民族尊严提供了坚强后盾。

1952—2018 年，国内生产总值从 679 亿元增加到 90 万亿元，按不变价计算增长 174 倍，年均增长 8.1%。2021 年国内生产总值突破 110 万亿元台阶，达 114.9 万亿元，① 按不变价计算为 2012 年的 1.8 倍。2022 年为 121.0207 万亿元，稳居世界第二位。② 人均国内生产总值从 119 元增加到 64644 元，按不变价计算增长 70 倍。2021 年，我国人均 GDP 达 80976 元，按年平均汇率折算达 12551 美元，连续 3 年超过 1 万美元，稳居上中等收入国家行列，接近世界银行划分的高收入国家门槛值。③ 2022 年我国人均 GDP 达到 85698 元，比上年实际增长 3%，按年平均汇率折算，达到 12741 美元，连续两年保持在 1.2 万美元以上。④ 对外贸易持续增加，2009 年中国成为全球

① 国家统计局：《国家统计局关于 2021 年国内生产总值最终核实的公告》，2022 年 12 月 27 日，见 http://www.stats.gov.cn/tjsj/zxfb/202212/t20221226_1891248.html。

② 新华社：《2022 年我国 GDP 突破 120 万亿元》，2022 年 1 月 17 日，见 http://www.xinhuanet.com/mrdx/2023-01/18/c_1310691585.htm。

③ 数据来自国家统计局发布的《党的十八大以来经济社会发展成就系列报告》（2022 年 9—10 月）等报告。

④ 新华社：《2022 年我国 GDP 突破 120 万亿元》，2022 年 1 月 17 日，见 http://www.xinhuanet.com/mrdx/2023-01/18/c_1310691585.htm。

最大货物出口国、第二大货物进口国，2013 年成为全球货物贸易第一大国。根据党的二十大首场新闻发布会披露的信息，到 2020 年，我国国内生产总值达到 101.6 万亿元，稳居世界第二大经济体，人均国内生产总值超过 1 万美元；我国进入中等收入的人口超过 4 亿人，形成了全球规模最大、最具成长性的中等收入群体；城乡居民恩格尔系数分别下降到 29.2%、32.7%，人民生活品质明显提升。更值得关注的是，2021 年，我国 R&D 经费投入达 27864 亿元，比 2020 年增长 14.2%，增速比 2020 年加快 4 个百分点，延续了“十三五”以来两位数的增长态势。其中，基础研究经费为 1696 亿元，比上年增长 15.6%。按不变价计算，R&D 经费增长 9.4%。① 这将更有力地支撑中国经济转向高质量发展。越共中央总书记阮富仲在中共二十大后正式访华时表示：“中国共产党取得的成就为世界发展中国家特别是走社会主义道路的国家提供了宝贵经验。”②

作为全世界唯一拥有联合国产业分类中所列全部工业门类的国家，我国已拥有 41 个工业大类、207 个中类、666 个小类，工业增加值从 1952 年的 120 亿元增加到 2018 年的 30 多万亿元，按不变价计算增长约 971 倍，年均增长 11%。2021 年我国工业增加值达 37.3 万亿元，占国内生产总值的比重达 32.6%。这是继 2012 年我国工业增加值总量首次突破 20 万亿元、2018 年突破 30 万亿元后的新高。据世界银行数据，2010 年我国制造业增加值首次超过美国，成为第一制造业大国，此后连续多年稳居世界第一，标志着自 19 世纪中叶以来，经过一个半世纪后，我国重新取得世界第一制造业大国的地位。2020 年我国制造业增加值占世界的份额达 28.5%，较 2012 年提升 6.2 个百分点，在全球工业经济增长中的驱动作用进一步增

① 熊丽：《2021 年我国研发投入强度创新高》，《经济日报》2022 年 1 月 27 日。

② 《习近平同越共中央总书记阮富仲举行会谈》，《人民日报》2022 年 11 月 1 日。

强。①现在中国已成为商品消费第二大国、外资流入第二大国、外汇储备第一大国。

这十年，科技发展成就显著，“天鲲”试航、“嫦娥”奔月、“北斗”棋布、“鲲龙”出水等，为经济社会发展提供了有力支撑。这十年，中国走出一条从人才强、科技强到产业强、经济强、国家强的创新发展新道路。中国科技实力的国际地位大幅提升。在量子信息、干细胞、脑科学、类脑芯片等前沿方向取得一批具有国际影响力的重大原创成果。这十年，通过实施创新驱动发展战略，形成高质量发展的强大引擎。国产大飞机实现市场化运营，高铁建设树立国际标杆，煤炭清洁高效利用、新型核电、特高压输电走在世界前列，光伏、风电装机容量以及储能、制氢规模居世界首位，“深海一号”实现1500米超深水油气田开发能力。5G率先实现规模化应用，新能源汽车产销量连续7年居世界首位，新型显示技术产业化规模居世界第一，光电子技术带动产业规模占全球近一半，人工智能技术应用占全球市场近二成。这十年，通过强化战略科技力量，国家科研能力体系实现重塑。中国特色国家实验室体系加快构建，高水平研究型大学、科研院所的科研能力不断提高。企业在创新决策、研发投入、科研组织和成果转化中逐步发挥主体作用，683家企业进入2021年全球企业研发投入2500强。500米口径球面射电望远镜、散裂中子源等一批具有国际一流水平的重大科技基础设施发挥重要作用。13.3万套大型科学仪器和85个重大科研基础设施纳入开放共享网络。20个国家科学数据中心、31个国家生物种质和实验材料资源库、167个国家野外科学观测研究站构成了基础条件平台体系，科技资源对全社会科技创新的支撑保障能力大幅提高。这十年，科技创新对社会进步和民生改善

① 国家统计局：《工业实力持续增强　转型升级成效明显——党的十八大以来经济社会发展成就系列报告之三》，2022年9月15日，见 http://www.stats.gov.cn/xxgk/jd/sjjd2020/202209/t20220915_1888243.html。

提供有力支撑。创制一批水稻、小麦、玉米新品种，粮食单产由 2012 年的亩产 357 公斤提高到 2021 年的 387 公斤。建设 11 个国家可持续发展议程创新示范区。在全球率先实现“沙退人进”。建立 50 个国家临床医学研究中心，早查、早筛、早诊、早治的技术体系不断完善。癌症、白血病、耐药菌防治等打破国外专利药垄断，获批 I 类新药从 2012 年之前的 5 个达到现在的 80 个。重离子加速器、磁共振、彩超、CT 等国产高端医疗装备和器械投入使用。这十年，区域科技创新异军突起，形成引领发展的增长点增长带增长极。北京、上海、粤港澳大湾区三大科创中心引领地位更加强化，香港—深圳—广州、北京、上海—苏州分列全球科技集群第 2、3、6 位。国家高新区总数从 2012 年的 89 家增长到 2022 年的 177 家，集聚了全国 35.9% 的科技型中小企业、36.2% 的高新技术企业、67.4% 的科创板上市企业，人均劳动生产力为全国平均水平的 2.7 倍，用 2.5% 的建设用地实现 13.4% 的国内生产总值。建设 9 家国家农业高新技术产业示范区、287 家国家农业科技园区。这十年，国际科技合作迈出主动布局新步伐。与 161 个国家和地区建立科技合作关系，签署 116 项政府间科技合作协议，与有关国家建立十大创新对话机制，与非洲、东盟、拉美等建立七大科技伙伴计划。主动牵头发起国际大科学计划和大科学工程。参与国际热核聚变实验堆计划、平方公里阵列射电望远镜等国际大科学计划和工程取得重要成果。实施“一带一路”科技创新行动计划，支持 3500 余人次青年科学家来华开展科研工作。参与 200 多个国际组织和多边机制，同 57 个国家和国际组织开展联合资助科研项目。主动在金砖国家、清洁能源部长级会议、亚太经合组织科技创新伙伴关系等机制中发起科技创新议题。①

① 中国新闻网：《全国科技工作会议：全社会研发经费支出 10 年间从 1 万亿元增至 2.8 万亿元》，2022 年 12 月 30 日，见 https://baijiahao.baidu.com/s?id=1753649110491853547&wfr=spider&for=pc。

让世界瞩目、更让人民群众有获得感幸福感安全感的，是人民群众生活水平不断提升。党的十八大以来，我国经济发展平衡性、协调性、可持续性明显增强，国内生产总值突破百万亿元大关，人均国内生产总值超过一万美元，国家经济实力、科技实力、综合国力跃上新台阶，我国经济迈上更高质量、更有效率、更加公平、更可持续、更为安全的发展之路。中国初步构建起世界上规模最大、覆盖人口最多，包括养老、医疗、低保、住房、教育等民生领域的社会保障体系。2018 年末，全国参加城镇职工基本养老保险人数 41902 万人，参加失业保险人数 19643 万人，参加工伤保险人数 23874 万人，基本养老保险覆盖超过 9 亿人，基本医疗保险覆盖超过 13 亿人，基本实现全民医保。2020 年 10 月 28 日，国务院新闻办公室举行的“十三五”卫生健康事业改革发展情况发布会指出，从 2015 年到 2019 年底，中国居民人均预期寿命从 76.3 岁提高到 77.3 岁。这远高于世界平均预期寿命 72 岁。截至 2021 年末，全国基本养老保险参保人数 102871 万人，比上年增加 3007 万人。全年共为 2354 万困难人员代缴城乡居民养老保险费 26.8 亿元，5427 万困难人员参加基本养老保险，参保率超过 99%。在全国城乡社区获得健康管理服务的 65 周岁及以上老年人达到 11941.2 万。378.3 万残疾老年人获得基本康复服务。① 国家发展改革委等部门在 2022 年 1 月 10 日印发的《“十四五”公共服务规划》显示，2025 年中国人均预期寿命将达 78.3 岁。根据第七次全国人口普查数据，与 2010 年第六次全国人口普查相比，全国人口中 15 岁及以上人口的平均受教育年限由 9.08 年提高至 9.91 年。②

从人类历史看，中国实现从生产力相对落后的状况到经济总量跃居世界

---

① 国家卫生健康委、全国老龄办：《2021 年度国家老龄事业发展公报》，2022 年 10 月 26 日，见 http://www.gov.cn/xinwen/2022-10/26/content_5721786.htm。

② 国家统计局：《第七次全国人口普查公报（第六号）》，2021 年 5 月 11 日，见 http://www.stats.gov.cn/tjsj/tjgb/rkpcgb/qgrkpcgb/202106/t20210628_1818825.html。

第二的历史性突破，实现人民生活从温饱不足到总体小康、奔向全面小康的历史性跨越，其发展速度都是罕见的。改革开放后，中国经济发展保持着平均每年 9.2% 的增长速度，以这么高的速度持续了如此长的时间，这在人类经济史上是不曾有过的奇迹。

三、创造令世人刮目相看的新奇迹

进入新时代，我们经历了对党和人民事业具有重大现实意义和深远历史意义的三件大事：一是迎来中国共产党成立一百周年，二是中国特色社会主义进入新时代，三是完成脱贫攻坚、全面建成小康社会的历史任务，实现第一个百年奋斗目标。党的二十大报告对此作出了历史性的评价："这是中国共产党和中国人民团结奋斗赢得的历史性胜利，是彪炳中华民族发展史册的历史性胜利，也是对世界具有深远影响的历史性胜利。"①

党的二十大报告浓墨重彩总结了新时代十年的伟大变革。党中央提出并贯彻新发展理念，着力推进高质量发展，推动构建新发展格局，实施供给侧结构性改革，制定一系列具有全局性意义的区域重大战略，我国经济实力实现历史性跃升。党的二十大报告列举了一系列数据：国内生产总值从 54 万亿元增长到 114 万亿元，我国经济总量占世界经济的比重达 18.5%，提高 7.2 个百分点，稳居世界第二位；人均国内生产总值从 39800 元增加到 81000 元。谷物总产量稳居世界首位，14 亿多人的粮食安全、能源安全得到有效保障。城镇化率提高 11.6 个百分点，达到 64.7%。制造业规模、外汇储备稳居世界第一。建成世界最大的高速铁路网、高速公路网，机场港口、水利、能

---

① 习近平：《高举中国特色社会主义伟大旗帜　为全面建设社会主义现代化国家而团结奋斗——在中国共产党第二十次全国代表大会上的报告》，人民出版社 2022 年版，第 4 页。

源、信息等基础设施建设取得重大成就。

新华社曾从十个维度标识新时代的非凡十年。海拔 6500 米、世界海拔最高的 5G 基站标识中国发展达到新高度。时速 600 公里高速磁浮交通系统、“九章”“祖冲之号”等中国量子计算机标识“中国速度”。“天问一号”成功“落火”；嫦娥四号首探月背，标识“中国跨度”。太空交会对接背后有百公里测量范围内测距精度达 0.2 米的微波雷达保驾护航；脱贫攻坚前所未有地精准到人等，标识“中国精度”。2400 米地下有世界最深的实验室——中国锦屏地下实验室，“奋斗者”号载人潜水器在 10909 米“地球第四极”马里亚纳海沟坐底，中国石油首口超 9000 米的深井在塔里木盆地开钻；“中国天眼”把中国空间测控能力由地球同步轨道延伸至太阳系外缘的深空，标识“中国深度”，折射中国在深地、深海、深空等世界前沿领域达到的水平。白鹤滩水电站拱形大坝承受 1650 万吨的最大水推力，“神 24”电力机车能在 12‰的坡道上牵引 1 万吨货物列车等，标识“中国力度”。2012—2021 年我国全社会研发投入从 1.03 万亿元增长到 2.79 万亿元，其中基础研究经费年均增长 15.4%；中华文明探源工程、“考古中国”等成果丰硕，标识“中国厚度”。2012—2021 年国土经济密度明显提高，我国能耗强度、碳排放强度、水耗强度分别下降 26.4%、34.4%、45%，主要资源产出率提高约 58% 等，标识“中国密度”。推动共建“一带一路”，马尔代夫有了第一座跨海大桥，蒙内铁路让非洲运输更便捷，中国建交国总数增至 181 个，同 110 多个国家和地区组织建立伙伴关系，标识“中国广度”。2556 级的钢铁“天梯”让大凉山“悬崖村”告别下山需要爬 17 段危险藤梯的历史，3.5 亿人次的农村学生得益于我国实施的营养改善计划，从百姓不断改善的生活，最能感受“中国温度”。①

① 参见新华社：《非凡十年：中国的十个维度》，2022 年 10 月 11 日，见 http://m.news.cn/2022-10/11/c_1129060682.htm。

以习近平同志为核心的党中央以“在扶贫的路上，不能落下一个贫困家庭，丢下一个贫困群众”，“到2020年全面建成小康社会，任何一个地区、任何一个民族都不能落下”的决心、承诺，实行“军令状”式责任制，动员全党全国全社会力量，组织实施人类历史上规模最大、力度最强的脱贫攻坚战。2013年到2020年，全国农村贫困人口累计减少9899万人，年均减贫1237万人，贫困发生率年均下降1.3个百分点。2020年，剩余的551万农村贫困人口全部脱贫，如期完成了消除绝对贫困的艰巨任务。贫困人口收入水平显著提高，“两不愁三保障”全面实现。国家脱贫攻坚普查结果显示，中西部22省（自治区、直辖市）建档立卡户全面实现不愁吃、不愁穿，义务教育、基本医疗、住房安全有保障，饮水安全也有保障，脱贫攻坚战取得了全面胜利。中国对世界减贫贡献率超过70%。①

党的百年奋斗开辟了实现中华民族伟大复兴的正确道路，中国创造了经济快速发展和社会长期稳定两大奇迹，令世人刮目相看。新时代十年，改革开放和社会主义现代化建设深入推进，书写了经济快速发展和社会长期稳定两大奇迹新篇章。我们已经建成的小康社会成色十足，远远超出了改革开放之初人均国民生产总值800美元—1000美元的预想，达到了党的十八大提出的目标要求。

新时代十年的伟大变革，是全方位、根本性、全局性的，体现在改革发展稳定、内政外交国防、治党治国治军等各领域。这十年，是我国发展迈上新的大台阶的十年，是党和国家事业开创崭新局面的十年，是中华民族伟大复兴加速推进的十年。十年来，党团结带领全国各族人民，采取一系列战略性举措，推进一系列变革性实践，党和国家事业取得历史性成就、发生历史

① 国家统计局：《脱贫攻坚战取得全面胜利　脱贫地区农民生活持续改善——党的十八大以来经济社会发展成就系列报告之二十》，2022年10月11日，见 http://www.stats.gov.cn/xxgk/jd/sjjd2020/202210/t20221011_1889191.html。

性变革，推动我国迈上全面建设社会主义现代化国家新征程。更引人注目的是，党的二十大报告告诉世人中国“进入创新型国家行列”，并列举了“加快推进科技自立自强”的重要数据和成就，包括“全社会研发经费支出从1万亿元增加到2.8万亿元，居世界第二位，研发人员总量居世界首位。基础研究和原始创新不断加强，一些关键核心技术实现突破，战略性新兴产业发展壮大，载人航天、探月探火、深海深地探测、超级计算机、卫星导航、量子信息、核电技术、大飞机制造、生物医药等取得重大成果”。中国进入创新型国家行列，显示出全面建设社会主义现代化国家新征程具有更加坚实的基础。“报告从16个方面总结概括了十年来的伟大变革，可谓字字千钧、掷地有声，全面展示了新时代伟大变革的壮阔历程和宏伟气象。”①“进入创新型国家行列”的数据变化还反映在“奋进新时代”主题成就展的数据被迅速更新上。2022年9月27日开幕的“奋进新时代”主题成就展上，中国经济“奇迹号”巨轮模型的“成就”风帆上标有2012年到2021年中国的全球创新指数排名从34位升至12位。而展览开幕两天后，世界知识产权组织最新发布：2022年中国这一排名升至第11位。根据2023年1月17日国家统计局在国务院新闻办公室举行的新闻发布会上公布的数据，2022年规模以上高技术制造业增加值比上年增长7.4%，快于全部规模以上工业3.8个百分点；实物商品网上零售额占社会消费品零售总额比重达27.2%，比上年提高2.7个百分点。

2020年7月31日，习近平总书记向世界宣布北斗三号全球卫星导航系统正式开通，标志着北斗系统进入全球化发展新阶段。从北斗一号到北斗三号，从双星定位到全球组网，从覆盖亚太到服务全球，新时代的中国北斗，

① 中国网：《中共中央举行新闻发布会　介绍解读党的二十大报告》，2022年10月24日，见 http://www.china.com.cn/zhibo/content_78482235.htm。

展现了中国实现高水平科技自立自强的志气和骨气，展现了中国人民独立自主、自力更生、艰苦奋斗、攻坚克难的精神和意志，展现了中国特色社会主义集中力量办大事的制度优势。

作为重要基础设施，中国的北斗，技术先进、设计领先、功能强大，是世界一流的全球卫星导航系统。中国从自身实际出发，顺应世界卫星导航发展趋势，从星座构型、技术体制、服务功能等方面创新系统设计，攻克混合星座、星间链路、信号体制设计等多项关键核心技术，在全球范围实现一流能力。中国北斗率先实现全星座三频服务，实现导航定位功能与通信数传功能、基本导航信息与差分增强信息的融合设计，信号测距精度、抗干扰和抗多径等性能达到世界一流水平。北斗系统是世界上首个具备全球短报文通信服务能力的卫星导航系统，通过 14 颗中圆地球轨道卫星，为特定用户提供全球随遇接入服务，最大单次报文长度 560 比特（40 个汉字）。北斗系统也是世界上首个面向授权用户提供区域短报文通信服务的卫星导航系统，通过 3 颗地球静止轨道卫星，为中国及周边地区用户提供数据传输服务，最大单次报文长度 14000 比特（1000 个汉字），具备文字、图片、语音等传输能力。北斗系统秉持“中国的北斗、世界的北斗、一流的北斗”发展理念，在全球范围内实现广泛应用，赋能各行各业，融入基础设施，进入大众应用领域，深刻改变着人们的生产生活方式，成为经济社会发展的时空基石，为卫星导航系统更好服务全球、造福人类贡献了中国智慧和力量。新时代的中国北斗，既造福中国人民，也造福世界各国人民。①

新时代十年，中国实行更加积极主动的开放战略，构建面向全球的高标准自由贸易区网络，加快推进自由贸易试验区、海南自由贸易港建设，共

① 国务院新闻办公室：《新时代的中国北斗》白皮书，国务院新闻办公室网站，2022 年 11 月 4 日，见 http://www.scio.gov.cn/ztk/dtzt/47678/49355/index.htm。

建“一带一路”成为深受欢迎的国际公共产品和国际合作平台。我国成为一百四十多个国家和地区的主要贸易伙伴，货物贸易总额居世界第一，吸引外资和对外投资居世界前列，形成更大范围、更宽领域、更深层次对外开放格局。

党的二十大开启了全面建设社会主义现代化国家新征程。二十届中共中央政治局常委同中外记者见面时，习近平总书记向世人宣告：“现在，我们正意气风发迈上全面建设社会主义现代化国家新征程，向第二个百年奋斗目标进军，以中国式现代化全面推进中华民族伟大复兴。”“新征程是充满光荣和梦想的远征”，这不仅因为“中国式现代化是中国共产党和中国人民长期实践探索的成果，是一项伟大而艰巨的事业。惟其艰巨，所以伟大；惟其艰巨，更显荣光”；还因为“蓝图已经绘就，号角已经吹响。我们要踔厉奋发、勇毅前行，努力创造更加灿烂的明天。”

新时代新征程，中国发展离不开世界，世界发展也需要中国。中国开放的大门只会越来越大。中国将坚定不移全面深化改革开放，坚定不移推动高质量发展，以自身发展为世界创造更多机遇。我们完全有信心有能力在新时代新征程创造令世人刮目相看的新的更大奇迹。

第二节　从站起来、富起来走向强起来

中国共产党领导人民，以百年奋斗深刻改变了近代以后中华民族发展的方向和进程，深刻改变了中国人民和中华民族的前途和命运，深刻改变了世界发展的趋势和格局。中国共产党的成就和贡献，不仅是历史性的，也是世界性的。

深刻把握历史规律，始终把握时代大势，以历史主动精神主动作为、开拓进取，蕴含了“中国共产党为什么能”的深层原因。中国共产党的百年奋斗史，就是一部把握历史主动、创造历史伟业的历史。以历史主动精神、历史创造精神打主动仗，赢得主动，实现对前途的掌握就越主动。百余年来，党总是能够在重大历史关头从战略上认识、分析、判断面临的重大历史课题，制定正确的政治战略策略，这是党战胜无数风险挑战、不断从胜利走向胜利的有力保证。这是中国共产党的成功之道。

百余年来，党领导人民不懈奋斗、不断进取，成功开辟了实现中华民族伟大复兴的正确道路，今天，中华民族向世界展现的是一派欣欣向荣的气象，巍然屹立于世界东方。以中国为代表的新兴市场国家和发展中国家群体性崛起，从根本上改变了国际力量对比。中华民族迎来了从站起来、富起来到强起来的伟大飞跃，极大改变世界政治格局，推动调整世界经贸格局，深刻影响世界历史进程。

一、新中国的成立极大改变世界政治格局

在百余年奋斗中，中国共产党在重大历史关头作出了正确的战略抉择，取得丰功伟绩，建立了新中国。南昌起义打响武装反抗国民党反动派的第一枪，标志着中国共产党独立领导革命战争、创建人民军队和武装夺取政权的开端。第五次反“围剿”失败后，红军进行战略转移，经过艰苦卓绝的长征转战到陕北。七七事变后，中国共产党实行正确的抗日民族统一战线政策，坚持全面抗战路线，提出和实施持久战的战略总方针和一整套人民战争的战略战术，成为全民族抗战的中流砥柱，直到取得中国人民抗日战争最后胜利。这是近代以来中国人民反抗外敌入侵第一次取得完全胜利的民族解放斗争，也是世界反法西斯战争胜利的重要组成部分。解放战争时期，面对国民

党反动派悍然发动的全面内战，中国共产党领导广大军民逐步由积极防御转向战略进攻，党领导的人民军队在人民支持下，以一往无前的英雄气概同穷凶极恶的敌人进行殊死斗争，为夺取新民主主义革命胜利建立了历史功勋。

新中国成立后，党中央和毛泽东同志以“打得一拳开，免得百拳来”的战略远见，以“不惜国内打烂了重新建设”的决心和气魄，作出抗美援朝、保家卫国的历史性决策，中国人民志愿军雄赳赳、气昂昂跨过鸭绿江，同朝鲜人民和军队并肩战斗，战胜武装到牙齿的强敌，以战止战、以武止戈，最终取得伟大胜利。粉碎了侵略者陈兵国门、进而将新中国扼杀在摇篮之中的图谋，使新中国真正站稳了脚跟；打出了国威军威，打出了中国人民的精气神，捍卫了新中国安全，彰显了新中国大国地位。新中国在错综复杂的国内国际环境中站稳了脚跟。之后，中国审时度势调整外交战略，推动恢复我国在联合国的一切合法权利，打开对外工作新局面，推动形成国际社会坚持一个中国原则的格局。提出划分三个世界的战略，作出中国永远不称霸的庄严承诺，赢得国际社会特别是广大发展中国家尊重和赞誉。新中国的成立，彻底结束了旧中国半殖民地半封建社会的历史，彻底结束了极少数剥削者统治广大劳动人民的历史，彻底结束了旧中国一盘散沙的局面，彻底废除了列强强加给中国的不平等条约和帝国主义在中国的一切特权，实现了中国从几千年封建专制政治向人民民主的伟大飞跃，也极大改变了世界政治格局，鼓舞了全世界被压迫民族和被压迫人民争取民族解放的斗争。十九届六中全会通过的《决议》做出的这一概括，并不仅仅是着眼于对中国人民前途命运、中国历史走向的影响，恰恰是精辟地点明了新中国成立对世界政治格局和历史走向的改变。“中国人民站起来了”，这一事实对世界政治格局产生极大影响。

新中国的成立，结束了中国人民受奴役受压迫的历史。站立起来的中国人民，以新国家新社会主人的崭新姿态，以巨大的革命热情，为国家、为民族拼搏奋斗。面对新中国成立之初军事上、经济上、国际上的困难和挑战，党领导人民发扬“一不怕苦、二不怕死”的革命精神，坚定信心，克服困难，使社会主义中国巍然屹立在世界东方。新中国确立社会主义基本制度，在废除旧法统的同时，积极运用新民主主义革命时期根据地法制建设的成功经验，初步奠定了社会主义法治的基础。新中国继续坚持走人民民主统一战线的道路，凝聚各方力量建设国家，许多在海外的优秀科学家突破重重封锁回国，为新中国建设贡献力量。新中国成立初期，党和政府带领人民迅速恢复国民经济，使国内外那些怀疑共产党能够搞好经济的人们也不能不表示赞佩。新中国在较短时间内恢复和发展国民经济，推动社会主义改造和工业化发展，建立起独立的、比较完整的工业体系和国民经济体系，取得了巨大成就，教育、科技、文化事业有很大发展，国防尖端科技不断取得突破，为确立中国大国地位提供了坚强支撑。新中国成立以来，中国经历了中华民族史乃至人类发展史上从未有过的巨大的经济社会变迁，持续保持了国家政治和社会大局稳定，这既是中国人民的福祉，也是中国为世界和平稳定作出的贡献。

人类历史上没有一个民族、一个国家可以通过依赖外部力量、照搬外国模式、跟在他人后面亦步亦趋实现强大和振兴。历史已经证明，依赖外部力量、照搬外国模式、跟在他人后面亦步亦趋，那样做的结果，不是必然遭遇失败，就是必然成为他人的附庸。中国共产党波澜壮阔百年奋斗历程所获得的重要历史经验之一，就是“坚持独立自主”。独立自主是中华民族精神之魂，是我们立党立国的重要原则。中国共产党历来坚持独立自主开拓前进道路，坚持把国家和民族发展放在自己力量的基点上，坚持中国的事情必须由中国人民自己作主张、自己来处理。新中国成立后，在对外政策上坚持独立自主原则，坚持中国共产党的事情必须由中国共产党来办、中国的事情必须由中国人民来办，决不允许外来任何力量、任何形式的干涉，决不屈服于任何外来压力，始终保证国家主权、安全、发展利益牢牢掌握在自己手中。新中国成立之初就鲜明提出，和平共处五项原则应该成为世界各国建立和发展相互关系的准则。按照这一原则，中国与许多国家建立和发展了双边关系。新中国成立后，中国共产党坚持独立自主的和平外交政策，坚定维护国家独立、主权、尊严，支持和援助世界被压迫民族解放事业、新独立国家建设事业和各国人民正义斗争，反对帝国主义、霸权主义、殖民主义、种族主义，彻底结束了旧中国的屈辱外交。这同样体现了新中国的成立和奋斗是如何改变了中国与外部世界的关系，如何深刻影响世界政治格局。

中国人民前途命运的根本改变，是因为中国共产党洞察人类历史大逻辑，从而走出了一条正确道路，取得了伟大成就。中国共产党领导人民经过波澜壮阔的伟大斗争，中国人民彻底摆脱了被欺负、被压迫、被奴役的命运，成为国家、社会和自己命运的主人，人民民主不断发展，14 亿多人口实现全面小康，中国人民对美好生活的向往不断变为现实。中国人民彻底摆脱了被欺负、被压迫、被奴役的命运，成为国家、社会和自己命运的主人，意味着人类最大群体的前途命运掌握在自己手中，意味着这个东方古国要在世界发出自己新的声音，创造新的历史。

二、改革开放成就推动调整世界经贸格局

中国共产党领导人民不懈奋斗、不断进取，不仅成功开辟了实现中华民族伟大复兴的正确道路，而且不断审时度势进行战略谋划、战略布局，塑造有利于实现中华民族伟大复兴的战略态势。人类历史证明，国家富强、民族振兴的关键之一，是看其能否顺应历史大势，掌握决定自己前途的主动权。只要我们坚持独立自主、自力更生，既虚心学习借鉴国外的有益经验，又坚定民族自尊心和自信心，不信邪、不怕压，就一定能够把中国发展进步的命运始终牢牢掌握在自己手中。

党的十一届三中全会实现党和国家工作中心战略转移，开启了改革开放和社会主义现代化建设新时期，实现了新中国成立以来党的历史上具有深远意义的伟大转折。实行改革开放的历史性决策，深刻揭示社会主义本质，确立社会主义初级阶段基本路线，明确提出走自己的路、建设中国特色社会主义，科学回答了建设中国特色社会主义的一系列基本问题，制定了到21世纪中叶分三步走、基本实现社会主义现代化的发展战略，成功开创了中国特色社会主义。之后，中国共产党人加深了对什么是社会主义、怎样建设社会主义和建设什么样的党、怎样建设党的认识，深刻认识和回答了新形势下实现什么样的发展、怎样发展等重大问题，抓住重要战略机遇期，成功在新形势下坚持和发展了中国特色社会主义。

改革开放和社会主义现代化建设新时期，中国共产党面临的主要任务是继续探索中国建设社会主义的正确道路，解放和发展社会生产力，使人民摆脱贫困、尽快富裕起来，为实现中华民族伟大复兴提供充满新的活力的体制保证和快速发展的物质条件。在庆祝改革开放40周年大会上，习近平同志发表重要讲话，全面总结40年改革开放取得的伟大成就和宝贵经验，强调改革开放是党的一次伟大觉醒，是中国人民和中华民族发展史上一次伟大革命，发出将改革开放进行到底的伟大号召。

改革开放40多年，我们坚持以经济建设为中心，锐意推进改革，全力扩大开放，我国经济发展步入快车道。1978年我国国内生产总值只有3679亿元，之后不断跨越新台阶。1986年上升到1万亿元，1991年上升到2万亿元，2000年突破10万亿元大关，2006年超过20万亿元，2017年首次站上80万亿元的历史新台阶，达到827122亿元，当年经济增量折合1.2万亿美元，相当于2016年全球第十四大经济体澳大利亚的经济总量。2017年，我国国内生产总值按不变价计算，比1978年增长33.5倍，年均增长9.5%，平均每8年翻一番，远高于同期世界经济2.9%左右的年均增速，在全球主要经济体中名列前茅。[①] 同时，人均国内生产总值不断提高，成功由低收入国家跨入中等偏上收入国家行列。2017年，我国人均国内生产总值59660元，扣除价格因素，比1978年增长22.8倍，年均实际增长8.5%。我国人均国民总收入（GNI）由1978年的200美元提高到2016年的8250美元，超过中等偏上收入国家平均水平，在世界银行公布的217个国家（地区）中排名上升到第95位。对于我们这样一个经济发展起点低、人口基数大的国家，能够取得这样的进步难能可贵。[②]

中国经济规模跃居世界第二位，对世界经济增长的贡献也不断提高。1978年，我国经济总量居世界第十一位；2000年超过意大利，居世界第六位；2007年超过德国，居世界第三位；2010年超过日本，成为世界第二大经济体。2017年，我国国内生产总值折合12.3万亿美元，占世界经济总量的15%左右，比1978年提高13个百分点左右。近年来，我国对世界经济增长的贡献率超过30%，日益成为世界经济增长的动力之源、稳定之锚。[③]

改革开放40多年，中国外汇储备大幅增长，实现了从外汇短缺国到世界第一外汇储备大国的转变。1978年，我国外汇储备仅1.67亿美元，位居世界第38位。1990年，外汇储备超过百亿美元，1996年超过千亿美元，2006年突破1万亿美元，超过日本位居世界第一位，2017年末外汇储备余

---

① 1978—2016年，美国GDP的平均增长率为2.7%，加拿大为2.5%，英国为2.3%，日本为2.2%，法国为1.9%，德国为1.8%，意大利为1.4%。

② 国家统计局：《波澜壮阔四十载，民族复兴展新篇——改革开放40年经济社会发展成就系列报告之一》，2018年8月27日，见http://www.stats.gov.cn/ztjc/ztfx/ggkf40n/201808/t20180827_1619235.html。

③ 国家统计局：《波澜壮阔四十载，民族复兴展新篇——改革开放40年经济社会发展成就系列报告之一》，2018年8月27日，见http://www.stats.gov.cn/ztjc/ztfx/ggkf40n/201808/t20180827_1619235.html。

额达 31399 亿美元，稳居世界第一位。其间，中国对外贸易规模稳步扩张，贸易大国地位日益巩固。1978 年，中国货物进出口总额仅为 206 亿美元，位居世界第 29 位。随着对外开放的深度和广度不断拓展，特别是 2001 年正式加入世界贸易组织（WTO）后，贸易总量迅速增长。2017 年，货物进出口总额达到 4.1 万亿美元，比 1978 年增长 197.9 倍，年均增长 14.5%，居世界第一位。服务贸易快速发展。2017 年，服务进出口总额 6957 亿美元，比 1982 年增长 147 倍，连续 4 年保持世界第二位。①

中国经济发展对世界经贸格局的深刻影响，既体现在中国成为吸引全球投资的热土，也体现在中国对外投资规模迅速扩大。2017 年，我国实际使用外商直接投资 1310 亿美元，比 1984 年增长 91.3 倍，年均增长 14.7%。1979—2017 年，我国累计吸引外商直接投资达 18966 亿美元，是吸引外商直接投资最多的发展中国家。对外投资合作大幅增加，是中国与世界经贸合作增长、中国发展推动世界经贸格局深刻调整的另一种标志性体现。改革开放初期，我国只有少数国有企业走出国门。2017 年，我国对外直接投资额（不含银行、证券、保险）1201 亿美元，比 2003 年增长 41.1 倍，年均增长 30.6%。改革开放以来，中国积极顺应全球化潮流，坚持对外开放基本国策，打开国门搞建设，拥抱世界、学习世界、贡献世界，与世界良好互动、共同发展。党的十八大以来，“一带一路”建设成效显著。2017 年，我国对“一带一路”沿线的 59 个国家直接投资额（不含银行、证券、保险）144 亿美元，占同期总额的 12%。截至 2018 年国家统计局报告发布前，100 多个国家和国际组织以不同形式参与“一带一路”建设，80 多个国家及国际组织同我

① 国家统计局：《波澜壮阔四十载，民族复兴展新篇——改革开放 40 年经济社会发展成就系列报告之一》，2018 年 8 月 27 日，见 http://www.stats.gov.cn/ztjc/ztfx/ggkf40n/201808/t20180827_1619235.html。

国签署了合作协议。①

中国经济发展推动世界经贸格局深刻调整，还有力地体现在中国积极参与和推动经济全球化，全球经济治理话语权提升。1980 年，我国恢复了在国际货币基金组织和世界银行的合法席位；2001 年，加入世界贸易组织，以更加积极的姿态参与国际经济合作。2003 年以来，我国与亚洲、大洋洲、拉美、欧洲、非洲多个国家和地区建设数十个自贸区。近年来，倡议建立亚洲基础设施投资银行和设立丝路基金，成功主办了“一带一路”国际合作高峰论坛、亚太经合组织（APEC）北京峰会、二十国集团（G20）领导人杭州峰会、博鳌亚洲论坛等，在全球治理体系变革中贡献了中国智慧、中国方案。

三、走向强起来正深刻影响世界历史进程

中国共产党以自强不息的奋斗深刻改变了世界发展的趋势和格局。中国共产党团结带领人民经过长期奋斗，实现了中华民族从东亚病夫到站起来的伟大飞跃，证明只有社会主义才能救中国；实现了中华民族从站起来到富起来的伟大飞跃，证明只有中国特色社会主义才能发展中国。中国特色社会主义进入新时代，意味着近代以来久经磨难的中华民族迎来了从站起来、富起来到强起来的伟大飞跃，意味着科学社会主义在 21 世纪的中国焕发出强大生机活力，在世界上高高举起了中国特色社会主义伟大旗帜，意味着中国特色社会主义道路、理论、制度、文化不断发展，拓展了发展中国家走向现代化的途径。今天，我们比历史上任何时期都更接近、更有信心和能力实现中

① 国家统计局：《波澜壮阔四十载　民族复兴展新篇——改革开放 40 年经济社会发展成就系列报告之一》，2018 年 8 月 27 日，见 http://www.stats.gov.cn/ztjc/ztfx/ggkf40n/201808/t20180827_1619235.html。

华民族伟大复兴的目标，实现中华民族伟大复兴进入了不可逆转的历史进程。走向强起来，正深刻影响世界历史进程。

党的十八大以来，在经济领域，党中央加强对经济工作的战略谋划和统一领导。我国经济发展平衡性、协调性、可持续性明显增强。国内生产总值突破百万亿元大关，人均国内生产总值超过一万美元，国家经济实力、科技实力、综合国力跃上新台阶，我国经济迈上更高质量、更有效率、更加公平、更可持续、更为安全的发展之路。国家统计局最终核实，2021 年，我国国内生产总值比上年增长 8.4%，经济增速在全球主要经济体中名列前茅；经济总量达 114.9237 亿元，① 按年平均汇率折算，超过 18 万亿美元，稳居世界第二，占全球经济的比重预计超过 18%。2021 年一年 GDP 增量约 13 万亿元人民币，按年均汇率折算合 2 万亿美元，相当于世界上一个比较大的主要经济体一年的经济总量。人均国内生产总值已接近世界银行的高收入国家门槛，并超过了世界人均 GDP 水平。②2022 年国内生产总值 121.0207 万亿元，稳居世界第二位。③ 这意味着我国综合国力、社会生产力、人民生活水平进一步提升。

中国积极推动建设新型国际关系，推动构建人类命运共同体，弘扬和平、发展、公平、正义、民主、自由的全人类共同价值，引领人类进步潮流。把握新时代外交工作大局，紧扣服务民族复兴、促进人类进步这条主线，高举和平、发展、合作、共赢的旗帜，推进和完善全方位、多层次、立

---

① 国家统计局：《国家统计局关于 2021 年国内生产总值最终核实的公告》，2022 年 12 月 27 日，见 http://www.stats.gov.cn/tjsj/zxfb/202212/t20221226_1891248.html。

② 初步测算，2021 年世界人均 GDP 1.21 万美元左右，中国人均 GDP 1.25 万美元。数据来自国家统计局：《国家统计局局长就 2021 年国民经济运行情况答记者问》，见 http://www.stats.gov.cn/tjsj/sjjd/202201/t20220117_1826479.html。

③ 新华社：《2022 年我国 GDP 突破 120 万亿元》，2022 年 1 月 17 日，见 http://www.xinhuanet.com/mrdx/2023-01/18/c_1310691585.htm。

体化的外交布局，积极发展全球伙伴关系。运筹大国关系，推进大国协调和合作。按照亲诚惠容理念和与邻为善、以邻为伴的周边外交方针深化同周边国家关系，稳定周边战略依托，打造周边命运共同体。秉持正确义利观和真实亲诚理念加强同广大发展中国家团结合作，整体合作机制实现全覆盖。

中国自身是发展中国家，对其他发展中国家正在经受的贫困和苦难感同身受，因此，积极开展国际发展合作，力所能及地为他们提供援助。新中国成立以来，中国向其他发展中国家提供不附加任何政治条件的援助。2012年到2019年7月，中国的对外援助顺应时代要求，向国际发展合作转型升级，为破解全球发展难题、推动落实联合国2030年可持续发展议程注入中国力量。2013年至2018年，中国累计对外提供援助2702亿元人民币，实施成套项目423个，提供物资援助890批，完成技术合作项目414个，举办人力资源开发合作项目7000余期，共约20万名人员受益。①截至2021年末，纳入商务部统计的境外经贸合作区分布在46个国家，累计投资507亿美元，上缴东道国税费66亿美元，为当地创造39.2万个就业岗位，有力促进了互利共赢、共同发展。②2021年，中国全年累计实施各类援助项目1000余个。③

中国积极参与全球治理体系改革和建设，维护以联合国为核心的国际体系、以国际法为基础的国际秩序、以联合国宪章宗旨和原则为基础的国际关系基本准则，维护和践行真正的多边主义，坚决反对单边主义、保护主义、霸权主义、强权政治，积极推动经济全球化朝着更加开放、包容、普惠、平衡、共赢的方向发展。我国建设性参与国际和地区热点问题政治解决，在气

① 参见中共中央宣传部：《中国共产党的历史使命与行动价值》，《人民日报》2021年8月27日。

② 商务部：《商务部就2021年我国对外投资合作有关情况等答问》，2022年1月20日，见 http://www.gov.cn/xinwen/2022-01/20/content_5669535.htm。

③ 参见2021年1月25日商务部综合司负责人在国务院新闻办就2021年商务运行情况举行的发布会上所发布数据。

候变化、减贫、反恐、网络安全和维护地区安全等领域发挥积极作用。我国开展抗击新冠疫情国际合作，发起新中国成立以来最大规模的全球紧急人道主义行动，展现负责任大国形象。经过持续努力，中国特色大国外交全面推进，构建人类命运共同体成为引领时代潮流和人类前进方向的鲜明旗帜，中国外交在世界大变局中开创新局、在世界乱局中化危为机，中国国际影响力、感召力、塑造力显著提升，在坚持和平发展道路的同时，既通过维护世界和平发展自己，又通过自身发展维护世界和平。

党的十八大以来，党中央贯彻总体国家安全观，国家安全领导体制和法治体系、战略体系、政策体系不断完善，在原则问题上寸步不让，以坚定的意志品质维护国家主权、安全、发展利益，国家安全得到全面加强。共建共治共享的社会治理制度进一步健全，民族分裂势力、宗教极端势力、暴力恐怖势力得到有效遏制，扫黑除恶专项斗争取得阶段性成果，有力应对一系列重大自然灾害，平安中国建设迈向更高水平。党的二十大报告强调，国家安全是民族复兴的根基，社会稳定是国家强盛的前提。必须坚定不移贯彻总体国家安全观，把维护国家安全贯穿党和国家工作各方面全过程，确保国家安全和社会稳定。我们要坚持以人民安全为宗旨、以政治安全为根本、以经济安全为基础、以军事科技文化社会安全为保障、以促进国际安全为依托，统筹外部安全和内部安全、国土安全和国民安全、传统安全和非传统安全、自身安全和共同安全，统筹维护和塑造国家安全，夯实国家安全和社会稳定基层基础，完善参与全球安全治理机制，建设更高水平的平安中国，以新安全格局保障新发展格局。党的二十大报告还就健全国家安全体系、增强维护国家安全能力、提高公共安全治理水平、完善社会治理体系作出一系列战略部署，以推进国家安全体系和能力现代化，坚决维护国家安全和社会稳定。

党的十八大以来，以习近平同志为核心的党中央，确立党在新时代的强军目标，贯彻新时代党的强军思想，贯彻新时代军事战略方针，坚持党对人民军队的绝对领导，召开古田全军政治工作会议，以整风精神推进政治整训，牢固树立战斗力这个唯一的根本的标准，坚决把全军工作重心归正到备战打仗上来，统筹加强各方向各领域军事斗争，大抓实战化军事训练，大刀阔斧深化国防和军队改革，重构人民军队领导指挥体制、现代军事力量体系、军事政策制度，加快国防和军队现代化建设，裁减现役员额30万胜利完成，人民军队体制一新、结构一新、格局一新、面貌一新，现代化水平和实战能力显著提升，中国特色强军之路越走越宽广。在党的坚强领导下，实施科技强军战略、人才强军战略，贯彻依法治军战略，创新军事战略指导，调整优化军事战略布局，强化人民军队塑造态势、管控危机、遏制战争、打赢战争的战略功能。人民军队实现整体性革命性重塑、重整行装再出发，国防实力和经济实力同步提升。一体化国家战略体系和能力加快构建，建立健全退役军人管理保障体制，国防动员更加高效，军政军民团结更加巩固。人民军队坚决履行新时代使命任务，以顽强斗争精神和实际行动捍卫了国家主权、安全、发展利益。

新时代新征程，党的二十大报告强调，如期实现建军一百年奋斗目标，加快把人民军队建成世界一流军队，是全面建设社会主义现代化国家的战略要求。必须贯彻新时代党的强军思想，贯彻新时代军事战略方针，坚持党对人民军队的绝对领导，坚持政治建军、改革强军、科技强军、人才强军、依法治军，坚持边斗争、边备战、边建设，坚持机械化信息化智能化融合发展，加快军事理论现代化、军队组织形态现代化、军事人员现代化、武器装备现代化，提高捍卫国家主权、安全、发展利益战略能力，有效履行新时代人民军队使命任务。党的二十大报告强调，全面加强人民军队党的建设，确保枪杆子永远听党指挥。强调要全面加强练兵备战，提高人民军队打赢能力。研究掌握信息化智能化战争特点规律，创新军事战略指导，发展人民战争战略战术。打造强大战略威慑力量体系，增加新域新质作战力量比重，加快无人智能作战力量发展，统筹网络信息体系建设运用。优化联合作战指挥体系，深入推进实战化军事训练，加强军事力量常态化多样化运用，坚定灵活开展军事斗争，塑造安全态势，遏控危机冲突，打赢局部战争。强调要全面加强军事治理，巩固拓展国防和军队改革成果，完善军事力量结构编成，体系优化军事政策制度。强调巩固提高一体化国家战略体系和能力。党的二十大郑重宣示：人民军队始终是党和人民完全可以信赖的英雄军队，有信心、有能力维护国家主权、统一和领土完整，有信心、有能力为实现中华民族伟大复兴提供战略支撑，有信心、有能力为世界和平与发展作出更大贡献！

第三节　惠及人类最大群体的发展

坚持人民至上，是中国共产党百年奋斗的历史经验之一。中国共产党自1921年成立以来，始终把为中国人民谋幸福、为中华民族谋复兴作为自己的初心使命。中国在创造了经济快速发展和社会长期稳定两大奇迹的同时，坚持发展为了人民、发展依靠人民、发展成果由人民共享，努力使发展成果更多更公平惠及全体人民，惠及人类最大群体，中国从而成为人类发展领域进步最快的国家之一。

一、农家女孩故事印证中国的进步

党的二十大报告强调必须牢牢把握的六个重大原则之一，就是坚持以人民为中心的发展思想。治国有常，利民为本。党的二十大报告177次使用

"人民"一词，从多方面深刻体现"人民至上"。报告强调习近平新时代中国特色社会主义思想的世界观和方法论的第一条是必须坚持人民至上，要站稳人民立场、把握人民愿望、尊重人民创造、集中人民智慧，形成为人民所喜爱、所认同、所拥有的理论，使之成为指导人民认识世界和改造世界的强大思想武器。并特别强调："江山就是人民，人民就是江山。中国共产党领导人民打江山、守江山，守的是人民的心。"

一切发展最终都要体现为人的发展。人民幸福是具体的，与每个人息息相关。让人民过上好日子，是党和政府做一切工作的出发点、落脚点。让人民群众有更多获得感，使人民获得感、幸福感、安全感更加充实、更有保障、更可持续，越来越成为中国共产党人的努力重点。全红婵的故事就深刻地折射出中国的发展是如何体现在个人的成长成才上。

在2021年夏季奥运会上，时年14岁的跳水运动员全红婵，以五跳中三跳满分、总分466.2分的成绩，创女子10米跳台历史最高分纪录，夺得东京奥运会跳水女子单人10米跳台金牌，让五星红旗高高飘扬在东京奥运会赛场，也向世界展示了中国"00后"的风采。当记者问全红婵成功的秘诀是什么时，全红婵的回答非常直率："练呗！"

2021年12月，"读懂中国"国际会议（广州）开幕式上，笔者和参加开幕式的中外嘉宾一起，从一个主旨讲话中听到了这个女孩儿成长成才背后的故事。故事的讲述者引用了一首知名度很高的歌，说："我国有一首非常流行的闽南语歌曲《爱拼才会赢》，全红婵就非常拼，每天勤学苦练，从不喊累。在全红婵身上，天赋与努力完美结合，终于成就惊艳世界的漂亮一跳。"这个故事的感染力和说服力，不仅在于这些感人细节，更在于描述细节之后对全红婵故事的解读：全红婵的家在广东省湛江市麻章镇迈合村，这是中国广袤大地上一个普普通通的小村庄。得益于遍布城乡的体育人才培养体系，全红婵这个好苗子被细心的教练发现了；得益于不断完善的社会保障体系，农家少女全红婵可以心无旁骛地训练。在她励志故事的背后，有个人的拼搏奋斗，有家人的温暖支持，有教练的悉心培养，更有一个重视体育、珍惜人才的强大国家。党的十八大以来，随着脱贫攻坚、乡村振兴的推进，绝对贫困成为历史，全面小康千年梦圆；全民体育落地开花，为全红婵成为奥运冠军创造了有利条件，也让每个奋斗的中国人都有了更多人生出彩的机会。

2016 年 8 月发布的由联合国开发计划署和国务院发展研究中心历时两年完成的《中国人类发展报告 2016》指出，以按“人类发展指数”评价结果为依据，中国已成为“高水平人类发展国家”，是 30 余年来在人类发展领域中进步最快的国家之一。人类发展指数最早出现于联合国开发计划署《1990 年人文发展报告》中，以“预期寿命、教育水平和生活质量”三项基础变量为主经过一定计算，形成人类发展指数（HDI）和结果。[①] 根据人类发展指数评价结果，1980 年中国还处于低人类发展水平组，1995 年后进入了中等人类发展水平组，2011 年则达到了高人类发展水平。在 1990 年处于低人类发展水平组别的 47 个国家中，中国目前是唯一跻身高人类发展水平组的国家。[②] 根据联合国开发计划署《2015 年全球人类发展报告》所述，中国的人类发展在收入与减贫、健康、教育等各方面都得到了体现，经济的快速增长对人类发展起到了关键作用。[③]70 多年来，中国人民的精神面貌发生

① 联合国开发计划署（UNDP，United Nations Development Programme）每年都发布《人类发展报告》，以人类发展指数来衡量各个国家人类发展水平。参见联合国开发计划署(UNDP)：《人类发展报告》30 周年纪念版。

② 参见中国政府网：《中国是人类发展领域进步最快国家之一》，2016 年 8 月 24 日，见 http://www.gov.cn/shuju/2016-08/24/content_5101614.htm。

③ 根据联合国开发计划署《2015 年全球人类发展报告》，2014 年中国人类发展指数达到了 0.727，在 188 个国家（地区）中列第 90 位，已进入高人类发展水平国家组。按照发布此报告时的划分标准，人类发展指数在 0.550 以下为低人类发展水平，介于 0.550-0.699 之间为中等人类发展水平，介于 0.700—0.799 之间为高人类发展水平，0.800 以上为极高人类发展水平。

深刻变化，中华优秀传统文化充分弘扬，当代中国价值观念广泛传播，中国人民的精神生活更加丰富、更加活跃。2019 年 9 月，国务院新闻办公室发布的《新时代的中国与世界》白皮书指出：美国波士顿咨询公司发布的全球民生福祉报告显示，过去 10 年中，中国排名上升 25 位，在受调查的 152 个国家中进步最快。

这背后，就有无数个类似全红婵一样的农家孩子成长成才的故事。这也是让国际社会信服的中国人的鲜活故事，是体现中国在人类发展领域进步的故事。

在二十届中共中央政治局常委同中外记者见面时，习近平总书记郑重向世人宣告：新征程上，我们要始终坚持一切为了人民、一切依靠人民。一路走来，我们紧紧依靠人民交出了一份又一份载入史册的答卷。面向未来，我们仍然要依靠人民创造新的历史伟业。道阻且长，行则将至。前进道路上，无论是风高浪急还是惊涛骇浪，人民永远是我们最坚实的依托、最强大的底气。我们要始终与人民风雨同舟、与人民心心相印，想人民之所想，行人民之所嘱，不断把人民对美好生活的向往变为现实。

二、让全体中国人民都过上好日子

为中国人民谋幸福、为中华民族谋复兴，是中国共产党的初心和使命；“人民”两个大字高高镌刻在共和国的旗帜上；来自人民、为了人民、依靠人民，为人民服务写在中国共产党人的心上；以人民为中心是我们的根本执政理念。

如何让国际社会更加明白中国共产党“以人民为中心”的根本执政理念？习近平总书记的解读清晰直白：“我们的目标很宏伟，也很朴素，归根结底就是让全体中国人民都过上好日子”。“我们有充分的信心实现我们的目标”。① 普通的中国人对过上好日子有真切体验和强烈感受。云南独龙族世居之地出门曾经靠溜索，来自独龙族的二十大代表高德荣接受新华社记者采访时说，“以前我出门到州里读书，滑着溜索，花了三天三夜才走出独龙江”。现在，独龙江偏僻山乡发生巨变，打通公路隧道、用上5G信号、接入南方大电网……“进入新时代，独龙族整族脱贫，实现了与全国其他兄弟民族一道过上小康生活的美好梦想！‘直过民族’一步越千年！”②

新中国70多年的发展，特别是改革开放以后，我国人民生活显著改善。同时，随着时代发展和社会进步，人民对美好生活的向往更加强烈，对民主、法治、公平、正义、安全、环境等方面的要求日益增长。党中央强调，人民对美好生活的向往就是我们的奋斗目标，增进民生福祉是我们坚持立党为公、执政为民的本质要求，让老百姓过上好日子是我们一切工作的出发点和落脚点，补齐民生保障短板、解决好人民群众急难愁盼问题是社会建设的紧迫任务。而且，党中央要求，必须以保障和改善民生为重点加强社会建设，尽力而为、量力而行，一件事情接着一件事情办，一年接着一年干，在幼有所育、学有所教、劳有所得、病有所医、老有所养、住有所居、弱有所扶上持续用力，加强和创新社会治理，使人民群众获得感幸福感安全感更加充实、更有保障、更可持续，让每一个中国人从生活改善、需求满足中，感受到以人民为中心的发展，体验到获得感、幸福感。

中国特色社会主义进入新时代，以习近平同志为核心的党中央坚持以人民为中心的发展思想，通过提高保障和改善民生水平，加强和创新社会治理，促进人的全面发展和社会全面进步。在会见2017年从都国际论坛外方

---

① 《习近平会见出席“2017从都国际论坛”外方嘉宾》，《人民日报》2017年12月1日。

② 新华社：《人间正道　必由之路——党的二十大代表谈坚定不移走中国特色社会主义道路》，2022年10月21日，见 http://www.news.cn/politics/cpc20/2022-10/21/c_1129073218.htm。

嘉宾时，习近平主席从“有没有”到“好不好”，解读中共十九大对主要矛盾变化的重大判断：“我在中共十九大报告中指出，经过几十年的发展，中国特色社会主义进入新时代。中国社会主要矛盾已经转化为人民日益增长的美好生活需要和不平衡不充分的发展之间的矛盾。以前我们要解决‘有没有’的问题，现在则要解决‘好不好’的问题。我们要着力提升发展质量和效益，更好满足人民多方面日益增长的需要，更好促进人的全面发展、全体人民共同富裕。”并强调：“我们将通过全面深化改革，大力激发全社会创造力，持续释放发展活力。我们将实施更高层次的对外开放，推动形成全面开放新格局。中国不会关门，会把门开得更大。”①

坚持以人民为中心的发展思想，促进人的全面发展和社会全面进步，已经成为国家意志在法律层面固定下来。2015 年 10 月，以人民为中心的发展思想写入了党的十八届五中全会通过的《中共中央关于制定国民经济和社会发展第十三个五年规划的建议》，强调必须坚持以人民为中心的发展思想，把增进人民福祉、促进人的全面发展作为发展的出发点和落脚点。在近一个月后的十八届中央政治局第二十八次集体学习时，习近平总书记指出，坚持以人民为中心的发展思想，是马克思主义政治经济学的根本立场。2021 年 3 月 7 日，习近平总书记在参加青海代表团审议时强调，走高质量发展之路，就要坚持以人民为中心的发展思想，坚持创新、协调、绿色、开放、共享发展。“十三五”规划、“十四五”规划和 2035 年远景目标纲要都系统体现了以人民为中心的发展思想。党的十九届六中全会《决议》强调：“全党必须永远保持同人民群众的血肉联系，站稳人民立场，坚持人民主体地位，尊重人民首创精神，践行以人民为中心的发展思想，维护社会公平正义，着力解决发展不平衡不充分问题和人民群众急难愁盼问题，不断实现好、维护

① 《习近平会见出席“2017 从都国际论坛”外方嘉宾》，《人民日报》2017 年 12 月 1 日。

好、发展好最广大人民根本利益，团结带领全国各族人民不断为美好生活而奋斗。”

新时代的伟大成就是党和人民一道拼出来、干出来、奋斗出来的！“时代是出卷人，我们是答卷人，人民是阅卷人。”①党的二十大报告指出，新时代十年在幼有所育、学有所教、劳有所得、病有所医、老有所养、住有所居、弱有所扶上持续用力，人民生活全方位改善。人均预期寿命增长到78.2岁。居民人均可支配收入从16500元增加到35100元。城镇新增就业年均1300万人以上。建成世界上规模最大的教育体系、社会保障体系、医疗卫生体系，教育普及水平实现历史性跨越，基本养老保险覆盖10.4亿人，基本医疗保险参保率稳定在95%。及时调整生育政策。改造棚户区住房4200多万套，改造农村危房2400多万户，城乡居民住房条件明显改善。互联网上网人数达10.3亿人。日子是不是一天天更好，人民群众最有发言权。这些变化和进步，人民群众是切实感受到的。因而，党的二十大报告中关于“人民群众获得感、幸福感、安全感更加充实、更有保障、更可持续，共同富裕取得新成效”的结论，就更让人信服。

党同人民群众始终保持血肉联系，不仅是百余年来中国共产党已经做到的，而且是新征程中中国共产党坚持做到并一定会做到的。人民是我们党执政的最大底气，是共和国的坚实根基，是强党兴国的根本所在。我们党来自人民，为人民而生，因人民而兴，必须始终与人民心心相印、与人民同甘共苦、与人民团结奋斗。习近平总书记用“三个不能”表明始终在心的人民情怀：“我们必须把人民利益放在第一位，任何时候任何情况下，与人民群众同呼吸共命运的立场不能变，全心全意为人民服务的宗旨不能忘，坚信群众

① 《习近平在学习贯彻党的十九大精神研讨班开班式上发表重要讲话强调　以时不我待只争朝夕的精神投入工作　开创新时代中国特色社会主义事业新局面》，《人民日报》2018年1月6日。

是真正英雄的历史唯物主义观点不能丢。”①

三、不断夯实人民幸福生活的条件

什么样的生活是我们所期待的“美好”？今后，如何叫作“更好”？

不断实现人民对美好生活的向往，是党的二十大报告强调要坚持的团结奋斗目标。“为人民谋幸福”是党的二十大报告贯穿始终的鲜明主线。实现人民对美好生活的向往是现代化建设的出发点和落脚点。党的二十大报告强调，我们不断厚植现代化的物质基础，不断夯实人民幸福生活的物质条件，同时大力发展社会主义先进文化，加强理想信念教育，传承中华文明，促进物的全面丰富和人的全面发展。

习近平总书记提出，中国要实现现代化，方方面面都要强起来。与美好生活相关的还有什么方面要强起来？党的二十大报告有多处新提法，其中一个重大论断是：“物质富足、精神富有是社会主义现代化的根本要求。物质贫困不是社会主义，精神贫乏也不是社会主义。”党的二十大报告的这一论断，是对“什么是社会主义”“怎样建设社会主义”的重大创新和拓展。1987年，邓小平同志提出重要论断：贫穷不是社会主义。党的二十大报告进一步拓展了对什么是社会主义的认识，即精神贫乏也不是社会主义，强调“丰富人民精神世界”是中国式现代化的本质要求的组成部分。因此，我们正在推进和拓展的中国式现代化，既要物质富足，也要精神富有，既要富口袋，也要富脑袋。

在老百姓心里，什么样的生活更美好？党的二十大报告强调必须牢牢把

① 习近平：《在庆祝中国人民政治协商会议成立65周年大会上的讲话》，《人民日报》2014年9月22日。

握六个重大原则之一，就是“坚持以人民为中心的发展思想”。强调要“维护人民根本利益，增进民生福祉，不断实现发展为了人民、发展依靠人民、发展成果由人民共享，让现代化建设成果更多更公平惠及全体人民”。

如何实现“更多”？党的二十大报告作出了一系列战略部署，强调要“实现好、维护好、发展好最广大人民根本利益，紧紧抓住人民最关心最直接最现实的利益问题，坚持尽力而为、量力而行，深入群众、深入基层，采取更多惠民生、暖民心举措，着力解决好人民群众急难愁盼问题，健全基本公共服务体系，提高公共服务水平，增强均衡性和可及性，扎实推进共同富裕”。要“不断厚植现代化的物质基础，不断夯实人民幸福生活的物质条件”。要“在发展中保障和改善民生”，“人民健康是民族昌盛和国家强盛的重要标志。把保障人民健康放在优先发展的战略位置”。

如何实现“更公平”？报告强调，要“着力维护和促进社会公平正义，着力促进全体人民共同富裕，坚决防止两极分化”。要“确保党和人民赋予的权力始终用来为人民谋幸福”。

什么样的生活是我们所期待的美好？既要“物质富足”，也要“精神富有”，口袋富、脑袋也富，这样的好日子，才更美。“更多”又“更公平”，这样的好日子，才更好。人民群众对美好生活的新期待，一定包含“更富足”“更富有”“更多”“更公平”这四个“更”。正像2021年春天习近平总书记到广西桂林湘江之畔当年红军战斗过的地方考察时对毛竹山村村民说的，“国之大者”，就是人民的幸福生活。①

不断厚植现代化的物质基础，不断夯实人民幸福生活的物质条件，就要深入研究历史发展规律和大势，增强锚定实现中华民族伟大复兴这个既定奋

---

① 新华社：《八桂大地唱响奋进歌——沿着总书记的足迹之广西篇》，2022年6月15日，见https://baijiahao.baidu.com/s?id=1735707917920618417&wfr=spider&for=pc。

斗目标、意气风发走向未来的勇气和力量。中华民族伟大复兴绝不是轻轻松松、敲锣打鼓就能实现的，前进道路上仍然存在可以预料和难以预料的各种风险挑战。要牢记中国共产党是什么、要干什么这个根本问题，不为任何风险所惧，不为任何干扰所惑，以咬定青山不放松的执着奋力实现既定目标，以行百里者半九十的清醒不懈推进中华民族伟大复兴。中国特色社会主义道路是创造人民美好生活、实现中华民族伟大复兴的康庄大道。只要我们顺应时代潮流，回应人民要求，勇于推进改革，准确识变、科学应变、主动求变，永不僵化、永不停滞，就一定能够创造出更多令人刮目相看的人间奇迹。

第二章

创造人类文明新形态

“历史会怎么样记住今年的二十大？”党的二十大开幕会前首场党代表通道集体采访中，英国《经济学人》杂志记者向代表提问。谢春涛代表回应说，党的二十大报告对中国未来五年以至更长时间的发展作出规划和部署。一定会对中国未来发展起着重要引领、推动作用，一定能够使中国式现代化更稳、更快、更好地推进。党的二十大报告中在进一步阐释中国式现代化五大特征的同时，创新提出九条本质要求和前进道路上必须牢牢把握的五条重大原则。“这是习近平总书记经过深入思考后提出的重大论断，明确了中国式现代化的科学内涵、旨归意义、目标任务、实现途径，揭示了中国式现代化的独特优势、实践指引、光明前景，标志着我们党对中国式现代化的认识提升到一个新的高度，是世界现代化理论的重大丰富和发展，是对西方现代化理论的超越”。①

中国14亿多人口整体迈入现代化社会，无先例可循，是人类历史上具有深远影响的大事。迄今为止，全球完成工业化的发达国家和地区人口总和不超过10亿人。中国共产党能在拥有十几亿人口的国家实现现代化，这无

① 《推动中华民族伟大复兴号巨轮乘风破浪、扬帆远航——党的二十大报告诞生记》，《人民日报》2022年10月26日。

疑是对人类进步事业的巨大贡献。

党的二十大报告指出，以习近平同志为核心的党中央对新时代党和国家事业发展作出科学完整的战略部署，提出实现中华民族伟大复兴的中国梦，以中国式现代化推进中华民族伟大复兴，统揽伟大斗争、伟大工程、伟大事业、伟大梦想，明确“五位一体”总体布局和“四个全面”战略布局，确定稳中求进工作总基调，统筹发展和安全，明确我国社会主要矛盾是人民日益增长的美好生活需要和不平衡不充分的发展之间的矛盾，并紧紧围绕这个社会主要矛盾推进各项工作，不断推进和拓展中国式现代化，不断丰富和发展人类文明新形态。

2023 年 3 月，习近平主席在北京出席中国共产党与世界政党高层对话会所作的《携手同行现代化之路》的主旨讲话中再次强调：“中国式现代化是人口规模巨大、全体人民共同富裕、物质文明和精神文明相协调、人与自然和谐共生、走和平发展道路的现代化，既基于自身国情、又借鉴各国经验，既传承历史文化、又融合现代文明，既造福中国人民、又促进世界共同发展，是我们强国建设、民族复兴的康庄大道，也是中国谋求人类进步、世界大同的必由之路。”“我们将始终把自身命运同各国人民的命运紧紧联系在一起，努力以中国式现代化新成就为世界发展提供新机遇，为人类对现代化道路的探索提供新助力，为人类社会现代化理论和实践创新作出新贡献。”①

党的二十大胜利闭幕开启以中国式现代化全面推进中华民族伟大复兴新征程。从现在起，中国共产党的中心任务就是团结带领全国各族人民全面建成社会主义现代化强国、实现第二个百年奋斗目标，以中国式现代化全面推

① 习近平：《携手同行现代化之路——在中国共产党与世界政党高层对话会上的主旨讲话》，《人民日报》2023 年 3 月 16 日。

进中华民族伟大复兴。中国式现代化是历史和人民的正确抉择，为人类实现现代化提供了新的选择。

第一节　成功推进和拓展了中国式现代化

中国共产党坚持一切从实际出发，领导人民成功走出中国特色社会主义道路。实现现代化是近代以来中国人民矢志奋斗的梦想。中国共产党 100 多年团结带领中国人民追求民族复兴的历史，也是一部不断探索现代化道路的历史。经过数代人不懈努力，我们走出了中国式现代化道路。在新中国成立特别是改革开放以来的长期探索和实践基础上，经过党的十八大以来在理论和实践上的创新突破，新时代十年的最显著成就之一，就是成功推进和拓展了中国式现代化。

中国发展的最大启示，就是一个国家走什么样的发展道路，既要借鉴别国经验，更要立足本国实际，依据自己的历史传承、文化传统、经济社会发展水平，由这个国家的人民来决定。实践已经证明，中国道路把握人类发展的规律，立足中国大地，符合中国实际、反映中国人民意愿、适应时代发展要求，不仅走得对、走得通，而且也一定能够走得稳、走得好。

习近平总书记在党的二十大报告中深刻阐释：“中国式现代化，是中国共产党领导的社会主义现代化，既有各国现代化的共同特征，更有基于自己国情的中国特色。”一系列前无古人的创举，破解了人类社会发展的诸多难题，摒弃了西方以资本为中心的现代化、两极分化的现代化、物质主义膨胀的现代化、对外扩张掠夺的现代化老路，拓展了发展中国家走向现代化的途径，为人类对更好社会制度的探索提供了中国方案。

2023 年 3 月，习近平主席再次强调："中国式现代化不走殖民掠夺的老路，不走国强必霸的歪路，走的是和平发展的人间正道。我们倡导以对话弥合分歧、以合作化解争端，坚决反对一切形式的霸权主义和强权政治，主张以团结精神和共赢思维应对复杂交织的安全挑战，营造公道正义、共建共享的安全格局。""中国实现现代化是世界和平力量的增长，是国际正义力量的壮大，无论发展到什么程度，中国永远不称霸、永远不搞扩张。"①

一、中国道路是历史和人民的正确选择

道路决定命运，发展道路的选择对一个国家的兴衰成败至关重要。一个国家选择什么样的发展道路，关键还要看这条道路能否符合人民的根本利益。中国发展取得巨大成功，根本原因就是找到了中国特色社会主义这条正确道路并且沿着这条道路坚定不移地走下去。中国特色社会主义道路是中国共产党领导中国人民根据中国国情和历史条件的选择。习近平总书记曾讲道："中国有 960 多万平方公里土地、56 个民族，我们能照谁的模式办？谁又能指手画脚告诉我们该怎么办？"②中国特色社会主义道路说到底是中国人民的选择。一个国家走的道路行不行，关键要看是否符合本国国情，是否顺应时代发展潮流，能否带来经济发展、社会进步、民生改善、社会稳定，能否得到人民支持和拥护，能否为人类进步事业作出贡献。中国立足自身国情和实践，从中华文明中汲取智慧，博采东西方各家之长，坚守但不僵化，借鉴但不照搬，在不断探索中形成了自己的发展道路。中国式现代化的成功推进，使中国大踏步赶上了时代，实现了中华民族从站起来到富起来的伟大飞跃。

---

① 习近平：《携手同行现代化之路——在中国共产党与世界政党高层对话会上的主旨讲话》，《人民日报》2023 年 3 月 16 日。

② 习近平：《在庆祝全国人民代表大会成立六十周年大会上的讲话》，《求是》2019 年第 18 期。

中国特色社会主义道路是一条把人民利益放在首位的道路。中国坚信，为了人民而发展，发展才有意义；依靠人民而发展，发展才有动力。“为人民谋幸福、为民族谋复兴，这既是我们党领导现代化建设的出发点和落脚点，也是新发展理念的‘根’和‘魂’。只有坚持以人民为中心的发展思想，坚持发展为了人民、发展依靠人民、发展成果由人民共享，才会有正确的发展观、现代化观。”①

中国特色社会主义道路是一条改革创新的道路。中国的发展没有现成模式可以套用，没有现成道路可以借鉴。中国人民拼搏进取、敢闯敢试，通过改革创新破解前进中遇到的困难和挑战，破除妨碍发展的体制机制障碍，不断解放和发展社会生产力，不断解放和增强社会活力，不断完善和发展中国特色社会主义制度、推进国家治理体系和治理能力现代化。

中国特色社会主义道路是一条全面依法治国的道路。中国把依法治国作为国家治理的基本方略，坚持依法治国、依法执政、依法行政共同推进，坚持法治国家、法治政府、法治社会一体建设，为国家发展提供根本性、全局性、长期性的制度保障，确保国家在深刻变革中既生机勃勃又井然有序，确保国家长治久安。

中国特色社会主义道路是一条充满自信的道路。我们推进的现代化，是中国共产党领导的社会主义现代化，必须坚持以中国式现代化推进中华民族伟大复兴，既不走封闭僵化的老路，也不走改旗易帜的邪路，坚持把国家和民族发展放在自己力量的基点上、把中国发展进步的命运牢牢掌握在自己手中。从当年的积贫积弱、受人欺凌，到现在的国强民富、屹立东方，从曾经“一辆汽车、一架飞机、一辆坦克、一辆拖拉机都不能造”，到如今国家综合

---

① 《习近平在省部级主要领导干部学习贯彻党的十九届五中全会精神专题研讨班开班式上发表重要讲话强调　深入学习坚决贯彻党的十九届五中全会精神　确保全面建设社会主义现代化国家开好局》，《人民日报》2021 年 1 月 12 日。

实力和创新能力充分彰显。2008 年北京夏季奥运会时想让世界知道中国是什么样的，开幕式的主题在讲述“我是谁”；13 年之后，中国又发生了巨大变化，2022 年北京冬季奥运会的开幕式在向世界介绍今天的中国人、中国风貌、中国理念。整个开幕式没有出现一件古装，点火仪式是最后一棒运动员把手中的火炬插入由参赛各国国名构成的大雪花中，运动员手持火炬就是主火炬。中国人的文化自信以这样的方式在世界面前体现。

归根结底，中国特色社会主义道路是为人民谋幸福的道路。为人民谋幸福，是中国共产党始终坚守的初心。中国式现代化始终坚持以人民为中心的发展思想，为广大人民群众带来了看得见、摸得着、既利当下又利长远的福祉，因而得到了人民的拥护。

二、中国式现代化为人类实现现代化提供新选择

中国式现代化的成功推进与拓展，基于中国国情和远不同于西方现代化发展时所处的世情。唯其不同，而更凸显中国特色的珍贵。在新的历史条件下，中国式现代化是人类发展道路的新探索，为人类实现现代化提供新选择。

实现中华民族伟大复兴，是近代以来中国人民最伟大的梦想。近代以来，在列强入侵和封建腐朽统治下，我国错失了工业革命的机遇，大幅落后于时代，中华民族也遭受了前所未有的苦难。鸦片战争之后，中国人民和无数仁人志士不屈不挠，苦苦寻求中国现代化之路。孙中山先生的《建国方略》被称为近代中国谋求现代化的第一份蓝图。但历史告诉中国共产党人和中国人民，在半殖民地半封建社会的条件下，中国式现代化没有也不可能取得成功。

百余年来中国共产党团结带领中国人民所进行的一切奋斗，就是为了把

我国建设成为现代化强国，实现中华民族伟大复兴。中国式现代化的探索是中国共产党在对中国国情和世界变化的深刻认识中开始的。毛泽东同志曾指出："我国从十九世纪四十年代起，到二十世纪四十年代中期，共计一百零五年时间，全世界几乎一切大中小帝国主义国家都侵略过我国，都打过我们，除了最后一次，即抗日战争，由于国内外各种原因以日本帝国主义投降告终以外，没有一次战争不是以我国失败、签订丧权辱国条约而告终。其原因：一是社会制度腐败，二是经济技术落后。"① 因此，早在 1947 年 12 月，毛泽东同志就指出："中国人民的任务，是要在第二次世界大战结束、日本帝国主义被打倒以后，在政治上、经济上、文化上完成新民主主义的改革，实现国家的统一和独立，由农业国变成工业国。"②1949 年 3 月，在党的七届二中全会上，毛泽东同志指出，"在革命胜利以后，迅速地恢复和发展生产，对付国外的帝国主义，使中国稳步地由农业国转变为工业国，把中国建设成一个伟大的社会主义国家"。③ 新中国成立后，在由新民主主义向社会主义过渡的过程中，我们党创造性地开辟了一条适合中国特点的社会主义改造的道路，建立起社会主义基本经济制度，社会生产力增长与人民生活水平得到很大提高。在此基础上，1954 年 9 月在中华人民共和国第一届全国人民代表大会第一次会议开幕词中，毛泽东同志提出，"准备在几个五年计划之内，将我们现在这样一个经济上文化上落后的国家，建设成为一个工业化的具有高度现代文化程度的伟大的国家"。并宣告："我们有充分的信心，克服一切艰难困苦，将我国建设成为一个伟大的社会主义共和国。""我们正在前进。""我们正在做我们的前人从来没有做过的极其光荣伟大的事业。我们的

① 《毛泽东文集》第八卷，人民出版社 1999 年版，第 340 页。

② 《毛泽东选集》第四卷，人民出版社 1991 年版，第 1245 页。

③ 《毛泽东选集》第四卷，人民出版社 1991 年版，第 1437 页。

目的一定要达到。我们的目的一定能够达到。"[①]在第一届全国人民代表大会上，周恩来作的《政府工作报告》中就明确指出："如果我们不建设起强大的现代化的工业、现代化的农业、现代化的交通运输业和现代化的国防，我们就不能摆脱落后和贫困，我们的革命就不能达到目的。"

正是因为认识到中国人口多、底子薄的特殊国情，中国共产党清醒意识到现代化要经过相当长的奋斗过程。1956 年 1 月 25 日，毛泽东同志主持召开最高国务会议第六次会议时提出"社会主义革命的目的是为了解放生产力"，强调"我国人民应该有一个远大的规划，要在几十年内，努力改变我国在经济上和科学文化上的落后状况，迅速达到世界上的先进水平"。[②]他还警示，如果搞得不好就会被开除"球籍"。

中国式现代化的历史进程，处在与发达国家工业化、现代化大为不同的历史时空环境中，作为发展中国家，中国不可能通过简单复制西方走过的路实现现代化。传统的现代化理论把现代化定义为经济文化相对落后的发展中国家追赶发达国家的过程，发达国家所达到的现代化水平和走过的道路，被认为是发展中国家现代化的样板。西方现代化经验可以为后发国家提供借鉴。但这些经验都是在一定历史条件下获得的。随着时空环境、历史条件的变化，过去的经验对西方国家本身也可能失去适用性。何况，西方发达国家的现代化经验和走过的道路并不等于对其他国家和民族的现代化建设就普遍适用。还要看到，西方的现代化模式也并不是十全十美的，反而危机重重，甚至积重难返。中国不仅底子薄、人口多、耕地少，不可能照搬西方发达国家的路；而且，我国不走一些国家通过战争、殖民、掠夺等方式实现现代化的老路，那种损人利己、充满血腥罪恶的老路给广大发展中国家人民带来深

---

① 《毛泽东文集》第六卷，人民出版社 1999 年版，第 350 页。

② 《毛泽东文集》第七卷，人民出版社 1999 年版，第 1 页。

重苦难。我们的现代化建设，必须从中国的实际出发。

中国式现代化不是国外现代化发展的翻版，体现在中国回答了新的历史课题、回应了时代要求。“我国现代化同西方发达国家有很大不同。西方发达国家是一个‘串联式’的发展过程，工业化、城镇化、农业现代化、信息化顺序发展，发展到目前水平用了二百多年时间。我们要后来居上，把‘失去的二百年’找回来，决定了我国发展必然是一个‘并联式’的过程，工业化、信息化、城镇化、农业现代化是叠加发展的。”①这不仅是时间跨度的急剧压缩，更意味着要回应新的历史时空条件下诸多新课题、新要求、新挑战，要通过创新发展、统筹发展解决“并联式”发展中的问题。制度优势是一个国家的最大优势，制度竞争是国家间最根本的竞争。中国特色社会主义制度的最大优势是中国共产党领导。正是由于中国能够发挥制度优势，才能成功推进和拓展中国式现代化。

坚持独立自主，坚持中国的事情按照中国的特点、中国的实际来办，坚定不移走自己的路，是中国共产党取得胜利的一条基本经验。走自己的路，是党百年奋斗得出的历史结论。中国式现代化，不是以资本为中心的现代化，而是以人民为中心的现代化；不是两极分化的现代化，而是14亿多人民共同富裕的现代化；不是物质主义膨胀的现代化，而是物质文明与精神文明相协调的现代化；不是竭泽而渔的现代化，而是人与自然和谐共生的现代化；不是对外扩张掠夺的现代化，而是走和平发展道路的现代化。中国式现代化基于中国共产党历来坚持独立自主开拓前进道路，坚持把国家和民族发展放在自己力量的基点上，坚持中国的事情必须由中国人民自己作主张、自己来处理。在经济建设中，中国共产党始终坚持自力更生为主的方针，把发展的主动权牢牢掌握在自己手中。在社会主义现代化建设进程中，党领导人

---

① 《习近平关于社会主义经济建设论述摘编》，中央文献出版社2017年版，第12页。

民推动物质文明、政治文明、精神文明、社会文明、生态文明协调发展，推进和拓展中国式现代化，创造了人类文明新形态，打破了只有遵循资本主义现代化模式才能实现现代化的神话。

中国式现代化坚持中国特色社会主义的政治发展道路，使中国特色社会主义政治制度深深扎根于中国社会土壤；坚持党的领导、人民当家作主、依法治国有机统一；坚定不移走全体人民共同富裕道路；坚持发展为了人民、发展依靠人民、发展成果由人民共享；坚持走和平发展道路，既通过维护世界和平发展自己，又通过自身发展维护世界和平。中国式现代化具有这样一些不同于西方资本主义现代化的鲜明特质，推动了人类发展进步。中国式现代化的成功实践，本身就是对人类文明形态的丰富和贡献。

中国共产党领导人民成功推进和拓展中国式现代化，破除了“现代化就是复制西方资本主义现代化”的认知陷阱和理论误区，拓展了发展中国家走向现代化的途径，给世界上那些既希望加快发展又希望保持自身独立性的国家和民族提供了全新选择。世界上既不存在定于一尊的现代化模式，也不存在放之四海而皆准的现代化标准。中国式现代化的成功推进和拓展，就是其中令世界瞩目的魅力色彩所在。这既为不同国家和民族探索现代化道路提供了可以借鉴的样本，也以中国式现代化的新探索为人类发展和进步贡献了智慧和力量。中共二十大召开前夕，赞比亚社会主义党主席弗雷德·蒙贝访华时表示：“中国共产党为我们展示了资本主义发展道路之外的另一种选择，许多国家都在关注中国，借鉴中国成功经验。”①

作为人类社会现代化超大样本，中国式现代化的成功推进和拓展，正在深刻影响国际世界。《参考消息》译自美国一家网站的报道说，英国剑桥大

① 新华社：《为解决人类面临的共同问题作出贡献——国际社会眼中的中共二十大》，2022年10月28日，见 http://www.news.cn/politics/cpc20/2022-10/27/c_1129083139.htm。

学研究人员综合分析了在137个国家开展的调查（包括2022年2月以来在75个国家进行的调查）后发现，“在从东亚到中东一直延伸到西非的区域，对中国的支持近年来一直在坚定地增强”。研究人员说，“这一区域的人们广泛团结在一起，拒绝接受‘西方式现代化’和自由主义的价值观”。剑桥大学贝内特公共政策研究所负责人之一福阿说：“中国提供了一种现代化模式。相对于美国，中国不仅具有作为伙伴的吸引力，而且具有政治模式的吸引力”。①

2023年3月，习近平在中国共产党与世界政党高层对话会上提出“现代化之问”：“两极分化还是共同富裕？物质至上还是物质精神协调发展？竭泽而渔还是人与自然和谐共生？零和博弈还是合作共赢？照抄照搬别国模式还是立足自身国情自主发展？我们究竟需要什么样的现代化？怎样才能实现现代化？”并指出，“面对这一系列的现代化之问，政党作为引领和推动现代化进程的重要力量，有责任作出回答。”

面对现代化之问，中国的答案是：我们要坚守人民至上理念，突出现代化方向的人民性；要秉持独立自主原则，探索现代化道路的多样性；要树立守正创新意识，保持现代化进程的持续性；要弘扬立己达人精神，增强现代化成果的普惠性；要保持奋发有为姿态，确保现代化领导的坚定性。

人民是历史的创造者，是推进现代化最坚实的根基、最深厚的力量。现代化的最终目标是实现人自由而全面的发展。现代化道路最终能否走得通、行得稳，关键要看是否坚持以人民为中心。现代化不仅要看纸面上的指标数据，更要看人民的幸福安康。因此，习近平主席强调：“政党要锚定人民对美好生活的向往，顺应人民对文明进步的渴望，努力实现物质富裕、政治清明、精神富足、社会安定、生态宜人，让现代化更好回应人民各方面诉求和多层次需要，既增进当代人福祉，又保障子孙后代权益，促进人类社会可持续发展。”

---

① 《中国二十大将深刻影响世界》，《参考消息》2022年10月22日。

对于人类社会，现代化不是少数国家的“专利品”，也不是非此即彼的“单选题”，不能搞简单的千篇一律、“复制粘贴”。一个国家走向现代化，既要遵循现代化一般规律，更要立足本国国情，具有本国特色。什么样的现代化最适合自己，本国人民最有发言权。因此，习近平主席强调：“发展中国家有权利也有能力基于自身国情自主探索各具特色的现代化之路。要坚持把国家和民族发展放在自己力量的基点上，把国家发展进步的命运牢牢掌握在自己手中，尊重和支持各国人民对发展道路的自主选择，共同绘就百花齐放的人类社会现代化新图景。”

面对现代化进程中遇到的各种新问题新情况新挑战，要敢于担当、勇于作为，冲破思想观念束缚，破除体制机制弊端，探索优化方法路径，不断实现理论和实践上的创新突破，为现代化进程注入源源不断的强大活力。因此，习近平主席强调，政党“要携手推进全球治理体系改革和建设，推动国际秩序朝着更加公正合理的方向发展，在不断促进权利公平、机会公平、规则公平的努力中推进人类社会现代化”。

人类是一个一荣俱荣、一损俱损的命运共同体。任何国家追求现代化，都应该秉持团结合作、共同发展的理念，走共建共享共赢之路。在中国共产党看来，走在前面的国家应该真心帮助其他国家发展。就此，习近平主席用了非常传神贴切的比喻：“吹灭别人的灯，并不会让自己更加光明；阻挡别人的路，也不会让自己行得更远”。习近平总书记强调：“要坚持共享机遇、共创未来，共同做大人类社会现代化的‘蛋糕’，努力让现代化成果更多更公平惠及各国人民，坚决反对通过打压遏制别国现代化来维护自身发展‘特权’。”①

现代化不会从天上掉下来，而是要通过发扬历史主动精神干出来。

① 习近平：《携手同行现代化之路——在中国共产党与世界政党高层对话会上的主旨讲话》，《人民日报》2023年3月16日。

习近平主席强调："作为现代化事业的引领和推动力量，政党的价值理念、领导水平、治理能力、精神风貌、意志品质直接关系国家现代化的前途命运。自胜者强。政党要把自身建设和国家现代化建设紧密结合起来，踔厉奋发，勇毅笃行，超越自我，确保始终有信心、有意志、有能力应对好时代挑战、回答好时代命题、呼应好人民期盼，为不断推进现代化进程引领方向、凝聚力量。"①

中国式现代化为人类实现现代化提供新选择，这一点，早已为海外有识之士所关注。有国外专家评价说："'中国式现代化'的主要特点包括在利用全球化优势的同时，摒弃那些与西式现代化关联的有害副产品，例如霸权和殖民。"② 英国著名学者、中国问题专家马丁·雅克接受采访时说："近十年来，尤其值得关注的是，中国共产党领导人与时俱进，不断提出新的思想和理念。""我认为'中国式现代化'也是其中之一。""中国式现代化不是去模仿或者复制西方。""我认为，中国得出的答案是，其现代化所要抵达的彼岸并非简单地达到西方目前的发展水平，而是应当包含共同富裕等符合中国社会特点和现代化目标的因素。""这是一种智识意义上的打破束缚，中国现在可以在一幅更加广阔的画卷上畅想自己的未来。"③

中国式现代化的成功推进和拓展，既是中国共产党为人民谋幸福的体现，也在实现自我发展的同时，为世界和平作出了贡献，为各国共同发展注入了动力，为人类文明和福祉作出了贡献。2022 年 10 月 24 日，在中共中央就介绍解读党的二十大报告举行的新闻发布会上，日本朝日新闻的记者提

① 习近平：《携手同行现代化之路——在中国共产党与世界政党高层对话会上的主旨讲话》，《人民日报》2023 年 3 月 16 日。

② 《媒体评述：二十大勾勒中国内政外交"全盘战略"》，《参考消息》2022 年 10 月 22 日。

③ 中国新闻网：《马丁·雅克：中国式现代化为世界提供新理念、新思维和新目标》，2022 年 10 月 25 日，见 http://www.chinanews.com.cn/gn/2022/10-25/9879857.shtml。

问：“二十大报告提出的‘中国式现代化’，我们认为是贵国未来方向的关键词，它的核心意义是什么？”就此问题，发言人回答说：“你能够关注到‘中国式现代化’这个关键词，说明你对我们的报告作了很认真的研究。”并简洁地强调：“实现现代化是世界各国人民的共同追求，但各国的现代化道路不尽相同，世界上没有放之四海而皆准的现代化模式，也不存在定于一尊的现代化标准。中国的现代化既有各国现代化的共同特征，更有基于自己国情的中国特色，我们称为‘中国式现代化’。”①

展望21世纪中叶，我国十几亿人口整体迈入现代化社会，将彻底改写现代化的世界版图。

三、新征程坚持中国式现代化本质要求

中国式现代化的成就，不仅体现在不断夯实人民幸福生活的物质条件，为实现中华民族伟大复兴提供了更为完善的制度保证、更为坚实的物质基础、更为主动的精神力量，而且，以无可辩驳的事实证明中国共产党所开辟的实现中华民族伟大复兴道路的正确性，向人类社会证明中国特色社会主义是中国人民的正确选择，向国际社会证明中国式现代化是守正创新走出的新路。

发展是人类社会的永恒主题，现代化是人类文明发展进步的重要标志。习近平总书记在党的二十大报告中88次提及“现代化”一词，并系统阐释了中国式现代化的中国特色和本质要求，明确了全面建成社会主义现代化强国的战略安排和重大原则，为人类对现代化之路的不懈探索作出了新的贡

① 中国网：《中共中央举行新闻发布会，介绍解读党的二十大报告》，2022年10月24日，见 http://www.china.com.cn/zhibo/content_78482235.htm。

献。中国式现代化超越照抄照搬，是坚持独立自主的发展之路；超越资本至上，是秉持人民至上的发展之路；超越“本国优先”，是追求共同繁荣的发展之路；超越文明优劣，是推动人类进步的发展之路。

中国发展取得巨大成功，并还将沿着中国特色社会主义道路坚定不移地走下去。党的二十大报告描绘了中国式现代化的美好前景：全面建成社会主义现代化强国，总的战略安排是分两步走，从二〇二〇年到二〇三五年基本实现社会主义现代化，从二〇三五年到本世纪中叶把我国建成富强民主文明和谐美丽的社会主义现代化强国。党的二十大报告明确了到二〇三五年我国发展的总体目标：经济实力、科技实力、综合国力大幅跃升；实现高水平科技自立自强，进入创新型国家前列；建成现代化经济体系，形成新发展格局；全过程人民民主制度更加健全；人的全面发展、全体人民共同富裕取得更为明显的实质性进展……

在以中国式现代化全面推进中华民族伟大复兴的新征程中，必须坚持中国式现代化的本质要求：坚持中国共产党领导，坚持中国特色社会主义，实现高质量发展，发展全过程人民民主，丰富人民精神世界，实现全体人民共同富裕，促进人与自然和谐共生，推动构建人类命运共同体，创造人类文明新形态。中国式现代化的本质要求是党的二十大报告阐述的重大问题，从根本性质、价值依归阐明了中国式现代化与西方资本主义现代化的内在差异，从实现路径、发展目标阐明了中国式现代化的独特内涵、人民立场，从使命任务、价值追求阐明了中国式现代化的历史自觉、人类情怀。中国式现代化的本质要求既是对中国式现代化本质认识的创新拓展，也是对人类文明的新贡献。

习近平总书记曾提出“五个必由之路”重大论断，阐述我国发展仍具有的“五个战略性有利条件”，深刻揭示新时代我们为什么成功、未来我们怎样继续成功。党的二十大报告强调：“全党必须牢记，坚持党的全面领导是坚持和发展中国特色社会主义的必由之路，中国特色社会主义是实现中华民族伟大复兴的必由之路，团结奋斗是中国人民创造历史伟业的必由之路，贯彻新发展理念是新时代我国发展壮大的必由之路，全面从严治党是党永葆生机活力、走好新的赶考之路的必由之路。这是我们在长期实践中得出的至关紧要的规律性认识，必须倍加珍惜、始终坚持，咬定青山不放松，引领和保障中国特色社会主义巍巍巨轮乘风破浪、行稳致远。”中国式现代化的本质要求，是与“五个必由之路”紧密相连的规律性认识，同样深刻揭示新时代我们为什么成功、未来我们怎样继续成功。坚持这个本质要求，就可以继续强化我国发展的“五个战略性有利条件”，即有中国共产党的坚强领导、有中国特色社会主义制度的显著优势、有持续快速发展积累的坚实基础、有长期稳定的社会环境、有自信自强的精神力量。

全面建设社会主义现代化国家、全面推进中华民族伟大复兴，关键在党。必须坚持中国共产党的领导。中国式现代化，是中国共产党领导的社会主义现代化。坚持这个本质要求，才能保证既不走封闭僵化的老路，也不走改旗易帜的邪路；才能保证坚持把国家和民族发展放在自己力量的基点上、把中国发展进步的命运牢牢掌握在自己手中；才能实现以中国式现代化推进中华民族伟大复兴。新征程上，必须坚定不移地坚持中国共产党的领导，这就是最重要的本质要求。

坚持中国特色社会主义是中国式现代化的本质要求。中国特色社会主义是改革开放以来党的全部理论和实践的主题，是科学社会主义基本原理在中国的实践与发展，是党和人民历经艰辛取得的根本成就。习近平新时代中国特色社会主义思想坚持把人民立场作为根本政治立场、坚持以人民为中心的发展思想、坚持人民情怀的执政本色、坚持人民至上的价值旨归。党的二十大报告强调：“时代呼唤着我们，人民期待着我们，唯有矢志不渝、笃行不怠，方能不负时代、不负人民。”

中国要实现现代化，方方面面都要强起来。中国式现代化的本质要求，也体现了方方面面都要强起来的追求。党的二十大报告指出，高质量发展是全面建设社会主义现代化国家的首要任务，并强调这是中国式现代化的本质要求。改革开放以来，我们始终将发展作为解决一切问题的基础和关键，从发展是硬道理到发展是执政兴国第一要务、从科学发展观到新发展理念，我们党的发展理念随着发展阶段、发展任务的变化，不断与时俱进、丰富创新。进入新时代，我国社会主要矛盾已经转化为人民日益增长的美好生活需要和不平衡不充分的发展之间的矛盾，发展中的矛盾和问题更多体现在发展质量上。全面建设社会主义现代化国家，必须坚持以人民为中心的发展思想，加快转变发展方式，更多依靠创新驱动，推动质量变革、效率变革、动力变革，着力提高发展的质量和水平。党中央强调，贯彻新发展理念、推动高质量发展，是关系现代化建设全局的一场深刻变革，不再简单以生产总值增长率论英雄，而是要实现创新成为第一动力、协调成为内生特点、绿色成为普遍形态、开放成为必由之路、共享成为根本目的的高质量发展。因此，党的二十大报告把发展质量摆在更突出的位置，经济、社会、文化、生态等各方面都要体现高质量发展的要求。①

全过程人民民主是社会主义民主政治的本质属性，是最广泛、最真实、最管用的民主，是中国式现代化的本质要求之一。2019 年 11 月 2 日，习近平总书记考察上海市长宁区虹桥街道基层立法联系点时，第一次提出“人民民主是一种全过程的民主”。2021 年 3 月通过的《中华人民共和国全国人民代表大会组织法》修正草案与《中华人民共和国全国人民代表大会议事规则》修正草案中，“全过程民主”被明确写入。2021 年 7 月 1 日，在庆

① 中国网：《中共中央举行新闻发布会，介绍解读党的二十大报告》，2022 年 10 月 24 日，见 http://www.china.com.cn/zhibo/content_78482235.htm。

祝中国共产党成立100周年大会上的重要讲话中，习近平总书记又特别提出要“践行以人民为中心的发展思想，发展全过程人民民主”。① 全过程人民民主，从根本上不像西方式民主那样“人民只有在投票时被唤醒、投票后就进入休眠期，只有竞选时聆听天花乱坠的口号、竞选后就毫无发言权，只有拉票时受宠、选举后就被冷落”。党的二十大报告强调：必须坚定不移走中国特色社会主义政治发展道路，坚持党的领导、人民当家作主、依法治国有机统一，坚持人民主体地位，充分体现人民意志、保障人民权益、激发人民创造活力。强调：我们要健全人民当家作主制度体系，扩大人民有序政治参与，保证人民依法实行民主选举、民主协商、民主决策、民主管理、民主监督，发挥人民群众积极性、主动性、创造性，巩固和发展生动活泼、安定团结的政治局面。

“丰富人民精神世界”是中国式现代化的本质要求，是人民美好向往的重要体现。我们坚持把实现人民对美好生活的向往作为现代化建设的出发点和落脚点，坚持在发展中保障和改善民生，鼓励共同奋斗创造美好生活，不断实现人民对美好生活的向往，不断丰富人民群众的精神世界，从而不断推进和拓展中国式现代化，不断丰富和发展人类文明新形态。

第二节　中国式现代化的五个重要特征

全面建设社会主义现代化国家，必须是具有中国特色、符合中国实际的

① 学习强国：《全过程人民民主的深刻内涵》，2021年9月29日，见https://www.xuexi.cn/lgpage/detail/index.html?id=8934237592313089670。

现代化。习近平总书记在党的十九届五中全会上强调了中国式现代化的五个特征，即人口规模巨大的现代化，全体人民共同富裕的现代化，物质文明和精神文明相协调的现代化，人与自然和谐共生的现代化，走和平发展道路的现代化。在省部级主要领导干部学习贯彻党的十九届五中全会精神专题研讨班上，习近平总书记再次强调："这是我国现代化建设必须坚持的方向，要在我国发展的方针政策、战略战术、政策举措、工作部署中得到体现，推动全党全国各族人民共同为之努力。"党的二十大报告进一步强调：中国式现代化，是中国共产党领导的社会主义现代化，既有各国现代化的共同特征，更有基于自己国情的中国特色。并精辟阐述了中国式现代化的五个基本内涵和重要特征，明确了继续推进和拓展中国式现代化的方向。

一、中国式现代化是人口规模巨大的现代化

中国是世界上第一人口大国、最大发展中国家，如此巨大的人口体量进入现代化，在世界上前所未有。我国14亿多人口要整体迈入现代化社会，其规模超过现有发达国家人口总和，将彻底改写现代化的世界版图，在人类历史上是一件有深远影响的大事。同时，艰巨性和复杂性前所未有，发展途径和推进方式也必然具有自己的特点。因此，中国的现代化必然要付出更大努力、克服更多困难，也必然产生更为深远的世界性影响。

中国现有14亿多人口，远大于迄今为止全球能够称得上过上富裕日子的所有发达国家全部人口总和。发达国家的富裕生活，是经过了几百年工业化历程、消耗了大量不可再生资源才换来的。我国仅仅用了几十年时间，完成了消除绝对贫困的艰巨任务，培育了4亿多中等收入人口，人民生活质量显著改善，社会保持和谐稳定，全面建成小康社会，国家治理体系和治理能力达到新高度，发展成就举世瞩目。但人口规模大的国家，现代化起步绝

非易事，其难处并不仅仅存在于经济领域。新中国成立之初，文盲人口占80%，学龄儿童入学率只有20%，妇女地位低下，流行病和传染病肆虐，人均预期寿命仅有不到40岁。中国的现代化征程实际上就是从优先关注人的发展，并大力投资教育和健康起步的。

现代化的本质是人的现代化。无论时代如何变化，无论经济社会如何发展，对一个社会来说，家庭的生活依托不可替代，家庭的社会功能不可替代，家庭的文明作用不可替代。新中国成立之初，封建婚姻制度与男尊女卑思想仍广泛存在。《中华人民共和国婚姻法》这部被毛泽东同志誉为“普遍性仅次于宪法的根本大法”的实施，是新中国社会变革的重要一步，也是新中国推进人的现代化的重要一步。其所强调的“婚姻自由、一夫一妻、男女权利平等、保护妇女和子女合法权益”原则一直沿用至今。新婚姻制度的建立和不断完善，推动了社会变革，也推动更为充分发挥妇女半边天的作用。妇女参与公共事务管理和经济社会发展的权利得到切实保障，男女平等基本国策进一步贯彻落实。中国颁布修订妇女权益保障法，切实保障妇女参政议政权，不断提高女干部在同级干部中所占比例，全国党政机关中女性干部从改革开放初期的42.2万名提升至2017年的190.6万名，占干部总数的26.5%。①

没有人的现代化，就没有社会现代化。人的现代化是社会现代化的实质、核心和根本标志。社会现代化和人的现代化是同一个过程的两个方面。中国大力发展教育、改善健康、提高妇女地位，到改革开放时，学龄儿童入学率达到95.5%，1982年粗文盲率降至22.8%，消灭了天花等极大危害人民群众健康的流行病和传染病。虽然从经济指标衡量，我国当时仍然贫穷落后，但是从人的发展来看，已经取得了不错的成绩，改革开放初期我国人

① 国务院新闻办公室：《改革开放40年中国人权事业的发展进步》，人民出版社2018年版，第32页。

均预期寿命达到 67.8 岁，接近当时的中等发达国家水平。党的十八大以来，健康中国建设加快推进，为人民提供全生命周期的卫生与健康服务。中国人均预期寿命不断提高。孕产妇死亡率从 1989 年的 94.7/10 万下降到 2017 年的 19.6/10 万，婴儿死亡率从 1991 年的 50.2‰下降到 2017 年的 6.8‰，提前达到联合国千年发展目标所确定的指标要求。覆盖城乡的基层医疗卫生服务体系基本建成。建成全球最大的法定传染病疫情和突发公共卫生事件网络直报系统，平均报告时间缩短到 4 小时。

可以说，通过促进人的全面发展，进而带动经济发展，是中国式现代化的一大特色。随着教育水平的提高、健康水平的改善、妇女平等参与社会事务以及收入水平的不断增长，我国在几十年的时间内，经历了人口从高出生、低死亡、高增长到低出生、低死亡、低增长的转变。随着人口转变以及人口素质不断提高，我国也从人口大国转变为人力资源大国。在此过程中，我国获得了一个劳动年龄人口占比较高的有利时期，再加上改革开放带来的制度红利，经济迅速发展。

中国式现代化坚持以人民为中心的发展思想，根本上是人的现代化。“在现代化进程中，人既是实践主体，也是价值主体，更是终极目的”。“人是现代化的主体，是现代化活动的实际承担者。要完成现代化，必须依赖高素质的人来完成，人的思维方式、价值观念与行为方式也在现代化进程中不断演化。有了现代化的人，才会有现代化的活动，才会有现代化社会的建立，人的现代化是现代化的前提和归宿。”习近平总书记在《之江新语》一书中曾指出：“人，本质上就是文化的人，而不是‘物化’的人；是能动的、全面的人，而不是僵化的、‘单向度’的人。”[①] 因此，在现代化进程中，必须促进

① 光明网：《现代化的本质是人的现代化》，2020 年 5 月 25 日，见 https://m.gmw.cn/baijia/2020-05/25/33856535.html。

人的思想观念和心理状态的现代化，在积极提升和完善人的现代化素质中更具体有效地促进人的全面发展。

党的二十大报告第五部分提出“实施科教兴国战略，强化现代化建设人才支撑”，是党代会报告第一次单独成章对教育、科技、人才工作进行一体部署，更加突出教育的基础性、战略性支撑地位。党的二十大报告强调，教育、科技、人才是全面建设社会主义现代化国家的基础性、战略性支撑。必须坚持科技是第一生产力、人才是第一资源、创新是第一动力，深入实施科教兴国战略、人才强国战略、创新驱动发展战略，开辟发展新领域新赛道，不断塑造发展新动能新优势。强调，我们要坚持教育优先发展、科技自立自强、人才引领驱动，加快建设教育强国、科技强国、人才强国，坚持为党育人、为国育才，全面提高人才自主培养质量，着力造就拔尖创新人才，聚天下英才而用之。

党的二十大报告强调，办好人民满意的教育。教育是国之大计、党之大计。培养什么人、怎样培养人、为谁培养人是教育的根本问题。育人的根本在于立德。全面贯彻党的教育方针，落实立德树人根本任务，培养德智体美劳全面发展的社会主义建设者和接班人。坚持以人民为中心发展教育，加快建设高质量教育体系，发展素质教育，促进教育公平。党的二十大报告强调，深入实施人才强国战略。培养造就大批德才兼备的高素质人才，是国家和民族长远发展大计。强调要真心爱才、悉心育才、倾心引才、精心用才，求贤若渴，不拘一格，把各方面优秀人才集聚到党和人民事业中来。强调要建设全民终身学习的学习型社会、学习型大国。教育、科技、人才三者关系中，人是核心，教育是人的现代化的过程与体现。高质量教育体系是科技力量可持续发展和创新要素可持续供给的保障，是源源不断培养造就高素质人才队伍的基础。高水平的科技发展体系、充满活力的人才队伍，又能极大激发教育的高质量发展。三者相互作用又相互促进，是一个有机整体。人是连接教育、科技、人才基础性战略性支撑的关键。人是科技创新的主体，是教育的出发点，是人才战略的根基。人才是第一资源，既是科技创新的资源，也是建设高质量教育体系的资源。教育是培养人才的摇篮。教育与人才战略需求相结合，与引领科技创新相衔接，才能产生推动现代化的最大效能。

人类社会发展过程是人的活动过程，也是人的发展过程，推进社会现代化建设的过程也是实现人的现代化的过程。正是因为中国式现代化是人口规模巨大的现代化，党的二十大报告特别强调：我们始终从国情出发想问题、作决策、办事情，既不好高骛远，也不因循守旧，保持历史耐心，坚持稳中求进、循序渐进、持续推进。

二、中国式现代化是全体人民共同富裕的现代化

共同富裕是社会主义的本质要求，是中国式现代化的重要特征，更是“以人民为中心”根本执政理念、“让全体中国人民都过上好日子”奋斗目标的具体体现。党的十八大以来，党中央把握发展阶段新变化，把逐步实现全体人民共同富裕摆在更加重要的位置上，推动区域协调发展，采取有力措施保障和改善民生，打赢脱贫攻坚战，全面建成小康社会，为促进共同富裕创造了良好条件。以此为基础，到了扎实推动共同富裕的历史阶段，因而，中国共产党把共同富裕作为中国特色社会主义新时代的五个基本属性之一。

贫穷不是社会主义，社会主义要消灭贫穷。在一个底子薄、基础弱、国情复杂的大国，全面建成惠及十几亿人口的小康社会，极不平凡，极不容易，中国共产党和中国人民付出了长期艰辛努力。

新中国成立后，从城市到农村，从工业农业战线到科技战线，中国人民在物质技术极其匮乏的条件下，发扬革命加拼命的优良传统和一不怕苦二不怕死的革命精神，吃大苦、耐大劳，自力更生、艰苦创业，用双手和双肩战

天斗地，用鲜血和汗水改天换地，新中国从废墟上迅速站起。改革开放新时期，中国人民以“杀出一条血路”的胆魄和勇气，敢闯敢试、敢为人先，在中国大地上掀起前所未有的改革热潮，用自己的辛劳和汗水一砖一瓦建造起中国现代化的高楼大厦。党中央根据中国人口基数大、国情复杂、发展不平衡的实际，正确处理和把握沿海与内地、东部与西部、先富与后富的关系，允许一部分地区、一部分人先富起来，然后带动所有地区、所有人共同富裕，走出一条“先富带后富、沿海带内地”的路子，推动人民生活质量和社会共享水平显著提升。进入新时代，中国人民弘扬伟大创造精神、伟大奋斗精神、伟大团结精神、伟大梦想精神，撸起袖子加油干，一张蓝图绘到底，攻克一个个难关，战胜一个个困难，创造了让世界刮目相看的奇迹。中国共产党科学判断中国发展所处的历史方位，准确把握决胜全面小康特征，作出统筹推进“五位一体”总体布局、协调推进“四个全面”战略布局的决策部署，以全面建成小康社会为战略目标，以全面深化改革、全面依法治国、全面从严治党为战略举措，以打赢脱贫攻坚战为底线任务，深化供给侧结构性改革，推进高水平对外开放，加快构建新发展格局，推动高质量发展，团结带领人民取得全面建成小康社会胜利。

共同富裕是中国特色社会主义的本质要求，也是一个长期的历史过程。中国的全面小康，是全体人民共同享有发展成果的小康。不让一个人掉队，不让一个区域落下，不让一个民族滞后，体现了实现人的全面发展和实现全体人民发展的有机统一，体现了实现共同富裕的社会主义本质要求，也是坚持以人民为中心的发展思想的必然体现。坚持人民至上是中国共产党百年奋斗的历史经验之一。中国共产党始终把人民放在心中最高位置、把人民对美好生活的向往作为奋斗目标，坚持发展为了人民、发展依靠人民、发展成果由人民共享，坚定不移走全体人民共同富裕道路，推动改革发展成果更多更公平惠及全体人民，推动共同富裕取得更为明显的实质性进展。这本身就是为人类文明进步作出新贡献。

为了实现小康目标，中国共产党采取渐进策略，提出一个时期内可以实现的目标和任务，一步一步推进，积小胜为大胜。20世纪60年代，提出在20世纪内实现“四个现代化”的奋斗目标和“两步走”的设想。改革开放初期，提出到20世纪末人民生活达到小康水平的目标。20世纪80年代中期，制定“三步走”发展战略；20世纪90年代中期，制定新的“三步走”发展战略。进入新世纪，提出在21世纪头20年，全面建设惠及十几亿人口的更高水平的小康社会。进入新时代，提出到建党100年时全面建成小康社会。为了实现阶段性目标，以五年为一个周期，制定和实施国民经济和社会发展计划（规划），使小康社会建设能够分阶段、稳定连贯地持续推进，以此推动发展、实现发展。

中国共产党领导人民，锚定全面小康目标，一步一个脚印，久久为功，持续用力，使全面小康目标一步步成为现实。在经济实力方面，中国国内生产总值从1952年的679.1亿元跃升至2021年的114.92万亿元，超过18万亿美元，经济总量占全球经济比重达到18.5%，比2012年提高7.2个百分点。2022年国内生产总值121.0207万亿元，按年均汇率计算折合美元约18万亿美元，稳居世界第二位。① 其中，2014年、2016年、2017年、2018年、2020年、2021年、2022年，国内生产总值相继跨越60万亿、70万亿、80万亿、90万亿、100万亿、110万亿、120万亿元大关。2013—2021年我国国内生产总值年均增长6.6%，高于同期世界2.6%和发展中经济体3.7%的平均增长水平。我国经济总量与美国的差距明显缩小，且远远高于日本等世界主要经济体。2021年我国GDP相当于美国的77.1%，比2012年提高24.6个百分点，是日本的3.6倍、印度的5.6倍。2013—2021年，我国对世

① 新华社：《2022年我国GDP突破120万亿元》，2022年1月17日，见http://www.xinhuanet.com/mrdx/2023-01/18/c_1310691585.htm。

界经济增长的平均贡献率超过 30%，居世界第一。我国人均国内生产总值从 1952 年的几十美元增至 2021 年的 80976 元（按年平均汇率折算达 12551 美元）、2022 年的 85698 元（按年平均汇率折算达 12741 美元），连续 4 年超过 1 万美元，连续 2 年保持在 1.2 万美元以上，实现从低收入国家到中等偏上收入国家的历史性跨越。扣除价格因素，2021 年人均国内生产总值比 2012 年增长 69.7%，年均增长 6.1%。在人民生活方面，实现从温饱不足到迈向全面小康的历史性跨越。1949 年我国居民人均可支配收入仅为 49.7 元，2018 年居民人均可支配收入达到 28228 元，名义增长近 567.0 倍，扣除物价因素实际增长 59.2 倍，年均实际增长 6.1%。2021 年全国居民人均可支配收入 35128 元，比 1949 年名义增长 705.8 倍。2022 年全国居民人均可支配收入 36883 元，比上年名义增长 5.0%，扣除价格因素，实际增长 2.9%。1956 年我国居民人均消费支出仅为 88.2 元，2018 年居民人均消费支出达到 19853 元，名义增长 224.1 倍，扣除物价因素实际增长 28.5 倍，年均实际增长 5.6%。而 2021 年、2022 年全国居民人均消费支出分别为 24100 元、24538 元。①

促进全体人民共同富裕是一项长期任务，也是一项现实任务。必须把促进全体人民共同富裕摆在更加重要的位置，向着这个目标作出更加积极有为的努力，主动解决地区差距、城乡差距、收入差距等问题，让群众看到变化、得到实惠。实现共同富裕，也要统筹考虑需要和可能，按照经济社会发展规律循序渐进，深入研究不同阶段的目标，分阶段促进共同富裕。实现共

① 数据来自国家统计局发布数据。参见《人民生活实现历史性跨越　阔步迈向全面小康——新中国成立 70 周年经济社会发展成就系列报告之十四》（2019 年 8 月 9 日）、《2021 年居民收入和消费支出情况》（2022 年 1 月 17 日）、《党的十八大以来经济社会发展成就系列报告》（2022 年 9—10 月）等报告。2022 年数据来自 2023 年 1 月 17 日国家统计局在国务院新闻办公室举办的新闻发布会上所公布数据。

同富裕是全体人民共同富裕，不是少数人的富裕，也不是整齐划一的平均主义。实现共同富裕是一个动态中向前持续推进的过程。全体人民共同富裕是一个总体概念，是对全社会而言的，要从全局上来看。这是一个在动态中向前发展的过程，要持续推动，不断取得成效。促进共同富裕，要鼓励勤劳创新致富，坚持基本经济制度，尽力而为量力而行，坚持循序渐进。要自觉主动解决地区差距、城乡差距、收入差距等问题，推动社会全面进步和人的全面发展，促进社会公平正义，让发展成果更多更公平惠及全体人民，不断增强人民群众获得感、幸福感、安全感，让人民群众真真切切感受到共同富裕不仅仅是一个口号，而是看得见、摸得着、真实可感的事实。

党的十八大以来，中国共产党紧紧扭住关系人民群众切身利益的突出矛盾和问题，着力破除阻碍束缚实现公平正义、实现共同富裕的桎梏和顽疾，不断补齐全面建成小康社会的短板和弱项，从中国现行标准下9899万农村贫困人口全部脱贫，提前10年实现联合国2030年可持续发展议程减贫目标，到进一步推动乡村振兴；从防止资本无序扩张到让人民群众在每一个司法案件中感受到公平正义；从坚持房子是用来住的、不是用来炒的，到实施“双减”解决教育领域突出问题；从推动高质量发展到统筹发展与安全……一系列开创性举措，不仅确保了全面建成小康社会如期实现，也为长远发展奠定了坚实基础。

实现共同富裕不仅是经济问题，而且是关系党的执政基础的重大政治问题。适应我国社会主要矛盾的变化，更好满足人民日益增长的美好生活需要，必须把促进全体人民共同富裕作为为人民谋幸福的着力点，不断夯实党长期执政基础。我们决不能允许贫富差距越来越大、穷者愈穷富者愈富，决不能在富的人和穷的人之间出现一道不可逾越的鸿沟。党的二十大报告强调，我们坚持把实现人民对美好生活的向往作为现代化建设的出发点和落脚点，着力维护和促进社会公平正义，着力促进全体人民共同富裕，坚决防止两极分化。

在新发展阶段，中国是在努力实现高质量发展的同时促进共同富裕。总的思路是，坚持以人民为中心的发展思想，在高质量发展中促进共同富裕，正确处理效率和公平的关系，构建初次分配、再分配、三次分配协调配套的基础性制度安排，加大税收、社保、转移支付等调节力度并提高精准性，扩大中等收入群体比重，增加低收入群体收入，合理调节高收入，取缔非法收入，形成中间大、两头小的橄榄形分配结构，促进社会公平正义，促进人的全面发展，使全体人民朝着共同富裕目标扎实迈进。

三、中国式现代化是物质文明和精神文明相协调的现代化

“物质富足、精神富有是社会主义现代化的根本要求。物质贫困不是社会主义，精神贫乏也不是社会主义。”党的二十大报告这一重要论断，是对中国特色社会主义理论体系的创新发展。

中国式现代化是物质文明、政治文明、精神文明、社会文明、生态文明协调发展的现代化。从新中国成立到改革开放前夕，中国共产党领导人民完成社会主义革命，消灭一切剥削制度，实现了中华民族有史以来最为广泛而深刻的社会变革，实现了我们这个人口大国大步迈进社会主义社会的伟大飞跃。中国人民的首创精神被激发出来，产生出巨大的物质力量。改革开放以后，坚持物质文明和精神文明两手抓、两手硬，推动社会主义文化繁荣发展，振奋了民族精神，凝聚了民族力量。进入社会主义新时代，中国共产党准确把握世界范围内思想文化相互激荡、我国社会思想观念深刻变化的趋势，牢牢掌握意识形态工作领导权，建设具有强大凝聚力和引领力的社会主义意识形态，建设社会主义文化强国，激发全民族文化创新创造活力。

中国式现代化是人的现代化，也是服务人民群众美好生活需要的现代

化。习近平总书记在党的十九大报告中，从新中国成立特别是改革开放以来我国经济社会发展的重大成就和显著进步出发，作出了中国特色社会主义进入新时代，我国社会主要矛盾已经转化为人民日益增长的美好生活需要和不平衡不充分的发展之间的矛盾的重大政治论断。党中央强调，人民对美好生活的向往就是我们的奋斗目标，增进民生福祉是我们坚持立党为公、执政为民的本质要求，让老百姓过上好日子是我们一切工作的出发点和落脚点，补齐民生保障短板、解决好人民群众急难愁盼问题是社会建设的紧迫任务。“好日子”的要求，既包括希望物质富足条件不断增长，也必然包括期待精神富有水平不断提升。随着时代发展和社会进步，人民对美好生活的向往更加强烈，对民主、法治、公平、正义、安全、环境等方面的要求日益增长，希望中国式现代化进程中对美好生活的需求不断得到更高水平的满足。中国共产党也清醒地意识到，我国仍处于并将长期处于社会主义初级阶段，我国仍然是世界最大的发展中国家，社会主要矛盾是人民日益增长的美好生活需要和不平衡不充分的发展之间的矛盾，必须着力解决发展不平衡不充分问题和人民群众急难愁盼问题，不断实现好、维护好、发展好最广大人民根本利益。人民群众急难愁盼问题的需求，既体现在物质文明方面，也体现在精神文明方面。

中国式现代化的推进和拓展进程，不仅是中国经济实力百倍增长、人民生活水平大幅提升的过程，更是中国人的精神状态大为振奋、精神世界大为丰富、精神文明水平大幅提升的过程，是中国人民不断增强实现中华民族伟大复兴信心的过程，也是不断向世界展现阳光、富强、开放、充满希望形象的过程。实现中国梦，是物质文明和精神文明均衡发展、相互促进的结果。没有文明的继承和发展，没有文化的弘扬和繁荣，就没有中国梦的实现。所以，实现中国梦，是物质文明和精神文明发展“比翼双飞”。在中国式现代化推进和拓展进程中，物质文明与精神文明正在协调发展，中华文化和中国精神焕发出新的光彩。中华民族的先人们早就向往人们的物质生活充实无忧、道德境界充分升华的大同世界。中华文明历来把人的精神生活纳入人生和社会理想之中。随着中国经济社会不断发展，中华文明也必将顺应时代发展焕发出更加蓬勃的生命力。

作为物质文明和精神文明协调发展的体现，在经济从高速发展走向高质量发展的同时，我们推动中华优秀传统文化创造性转化、创新性发展，发挥中华民族拥有中华优秀传统文化的突出优势，推动文化建设。2020 年末，全国共有公共图书馆 3212 个，平均每万人公共图书馆建筑面积 126.49 平方米，共有群众文化机构 43687 个。2021 年，全国规模以上文化及相关产业企业（以下简称“文化企业”）实现营业收入 119064 亿元，比上年增长 16.0% ；两年平均增长 8.9%。更具时代特点的是，2021 年数字文化新业态特征较为明显的 16 个行业小类实现营业收入 39623 亿元，比上年增长 18.9% ；两年平均增长 20.5%，高于文化企业平均水平 11.6 个百分点；占文化企业营业收入的比重为 33.3%，比上年提高 0.8 个百分点。其中，可穿戴智能文化设备制造、互联网广告服务两个细分行业营业收入两年平均增速分别为 46.4% 和 31.8%。同时，区域集聚效应更加凸显。2021 年，东部地区实现营业收入 90429 亿元，比上年增长 16.5%，两年平均增长 9.2% ；占全国的比重为 76.0%，这表明在经济发展水平较高地区文化产业发展也呈现高速发展。①

① 新业态特征明显的 16 个行业小类是：广播电视集成播控，互联网搜索服务，互联网其他信息服务，数字出版，其他文化艺术业，动漫、游戏数字内容服务，互联网游戏服务，多媒体、游戏动漫和数字出版软件开发，增值电信文化服务，其他文化数字内容服务，互联网广告服务，互联网文化娱乐平台，版权和文化软件服务，娱乐用智能无人飞行器制造，可穿戴智能文化设备制造，其他智能文化消费设备制造。参见国家统计局：《国家统计局社科文司高级统计师张鹏解读 2021 年全国规模以上文化及相关产业企业营业收入数据》，2020 年 1 月 30 日，见 http://www.stats.gov.cn/tjsj/sjjd/202201/t20220130_1827159.html。

北京作为世界上唯一既举办过夏季奥运会又举办冬奥会的“双奥之城”，既承载了中国文化体育事业发展的荣耀，也体现了中国式现代化发展的成就。国家体育总局冬季运动管理中心委托国家统计局社情民意调查中心开展的“带动三亿人参与冰雪运动”统计调查报告显示，2015年北京成功申办冬奥以来，全国居民冰雪运动的参与人数约为3.46亿人，兑现了我国申冬奥时提出的“带动三亿人参与冰雪运动”的庄严承诺。同时，也大大提升了人民群众的生活水平。借助北京冬奥会的重大机遇，我国克服南北气候差异明显、冰雪资源分布不均、设施服务尚不完善等不足，坚持以人民为中心，全面实施冰雪运动“南展西扩东进”和“四季拓展”，我国东部、中部、西部地区的冰雪运动人数也在稳步提升，冰雪运动的发展成为中国式现代化进程物质文明和精神文明相协调发展的特殊印证。

实现中华民族伟大复兴，是一场震古烁今的伟大事业，需要坚忍不拔的伟大精神作支撑，也一定会展现出精神富有的文明光彩。人类社会发展的历史表明，对一个民族、一个国家来说，最持久、最深层的力量是全社会共同认可的核心价值观。核心价值观，承载着一个民族、一个国家的精神追求，体现着一个社会评判是非曲直的价值标准。没有文化自信、没有精神力量的民族难以自立自强，难以得到尊重。当高楼大厦在我国大地上遍地林立时，中华民族精神的大厦也应该巍然耸立。要在推进和拓展中国式现代化中，持续深化社会主义思想道德建设，弘扬中华传统美德，弘扬时代新风，用社会主义核心价值观凝魂聚力，更好构筑中国精神、中国价值、中国力量，为中国特色社会主义事业提供源源不断的精神动力和道德滋养。用优秀文化产品振奋人心、鼓舞士气，提高精神文明建设水平，增强人民精神力量。要在推进和拓展中国式现代化中，不断厚植现代化的物质基础，不断夯实人民幸福生活的物质条件，同时大力发展社会主义先进文化，加强理想信念教育，传承中华文明，促进物的全面丰富和人的全面发展。

四、中国式现代化是人与自然和谐共生的现代化

中国式现代化是人与自然和谐共生的现代化。人类社会在生产力落后、物质生活贫困的时期，由于对生态系统没有大的破坏，人类社会延续了几千年。而从工业文明开始到现在仅300多年，人类社会巨大的生产力创造了少数发达国家的西方式现代化，但已威胁到人类的生存和地球生物的延续。人与自然是生命共同体，无止境地向自然索取甚至破坏自然必然会遭到大自然的报复。我们坚持可持续发展，坚持节约优先、保护优先、自然恢复为主的方针，像保护眼睛一样保护自然和生态环境，坚定不移走生产发展、生活富裕、生态良好的文明发展道路，实现中华民族永续发展。

绿色是生命的象征、大自然的底色。倡导"天人合一"是中华文明的鲜明特色。几千年来，中华民族尊重自然、保护自然，生生不息、繁衍发展。良好生态环境是美好生活的基础、人民共同的期盼。改革开放以来，中国把节约资源和保护环境确立为基本国策，把可持续发展确立为国家战略，大力推进社会主义生态文明建设。党的十八大以来，中国坚持绿水青山就是金山银山的理念，坚定不移走生态优先、绿色发展之路，促进经济社会发展全面绿色转型，建设人与自然和谐共生的现代化，用最少资源环境代价取得最大经济社会效益的发展，实现高质量、可持续的发展。中国顺应人民对美好生活的新期待，站在人与自然和谐共生的高度谋划发展，协同推进经济社会高质量发展和生态环境高水平保护，走出了一条生产发展、生活富裕、生态良好的文明发展道路。作为世界上最大的发展中国家，中国秉持人类命运共同体理念，坚定践行多边主义，提出全球发展倡议、全球安全倡议，深化务实合作，积极参与全球环境与气候治理，为落实联合国2030年可持续发展议程，推动全球可持续发展，共同构建人与自然生命共同体，共建繁荣清洁美丽的世界，贡献了中国智慧、中国力量。

进入新时代，生态文明战略地位显著提升。在“五位一体”总体布局中，生态文明建设是其中一位；在党的十九大提出的新时代坚持和发展中国特色社会主义基本方略中，坚持人与自然和谐共生是其中一条；在新发展理念中，绿色是其中一项；在三大攻坚战中，污染防治是其中一战；在到21世纪中叶建成社会主义现代化强国目标中，美丽中国是其中一个。新时代十年，坚持山水林田湖草沙一体化保护和系统治理，全方位、全地域、全过程加强生态环境保护，生态文明制度体系更加健全，污染防治攻坚向纵深推进，绿色、循环、低碳发展迈出坚实步伐，生态环境保护发生历史性、转折性、全局性变化，我们的祖国天更蓝、山更绿、水更清。党的十八大以来，创造了举世瞩目的生态奇迹和绿色发展奇迹，美丽中国建设迈出重大步伐。在实现经济快速发展和社会长期稳定两大奇迹的同时，中国取得了绿色发展奇迹。继长江经济带发展战略之后，我们提出黄河流域生态保护和高质量发展战略，国家的“江河战略”就确立起来了。2020年我国煤炭占一次能源消费比重降低到56.8%，2021年进一步降低到56.0%。根据生态环境部的权威数据，2020年我国清洁能源占比达24.3%，光伏、风能装机容量、发电量均居世界首位。新能源汽车销售量约占全球42%，是世界上保有量最多的国家，也是全球能耗强度降低最快的国家之一。“十三五”期间，我国地级及以上城市空气质量优良天数比率提高了5.8个百分点、达到87%，地表水优良水质断面比例提高了17.4个百分点、达到83.4%，全国近岸海域水质优良比例提高了9个百分点、达到77.4%。森林面积和森林蓄积连续30年保持“双增长”。2004年以来，荒漠化、沙化土地面积连续3个监测期实现“双缩减”。不仅如此，中国还通过不断建立健全优化制度安排与法律体系，来保证实现人与自然和谐共生的现代化。党的十八大以来，中国实施主体功能区战略，建立健全自然资源资产产权制度、生态补偿制度、河湖长制、林长制、环境保护“党政同责”和“一岗双责”等制度。在法律层面，中国制定修订 30 多部生态环境领域法律和行政法规。中国所开展的中央生态环境保护督察，成为推动各地区各部门落实生态环境保护责任的硬招实招，产生了很好的社会影响。

2023 年 1 月 19 日，国务院新闻办公室发布了《新时代的中国绿色发展》白皮书，介绍中国为建设人与自然和谐共生的现代化作出的努力和成效。党的十八大以来，中国调整产业结构、能源结构、交通运输结构，推行绿色低碳生产生活方式，积极健全国土空间体系，加强生产、生活、生态空间用途统筹和协调管控，加大生态系统保护修复力度，有效扩大生态环境容量，推动自然财富、生态财富快速积累，生态环境保护发生历史性、转折性、全局性变化，为经济社会持续健康发展提供有力支撑，为世界贡献了更多的“中国绿”。

2012 年以来，中国以年均 3% 的能源消费增速支撑了年均 6.6% 的经济增长，2021 年万元国内生产总值能耗较 2012 年下降 26.4%。2021 年，高技术制造业占规模以上工业增加值比重达 15.1%，清洁能源设备生产规模世界第一。中国节能环保产业形成了覆盖节能、节水、环保、可再生能源等领域的绿色技术装备制造体系，产值超 8 万亿元，经济发展含金量和含绿量显著提升。中国推进绿色低碳产业链强链补链和产业基础再造，开展关键技术攻关，百万千瓦水轮发电机组顺利投产发电，多晶硅、硅片、电池、组件产量全球占比均超过 70%。新能源汽车产销量连续 8 年居全球第一，2022 年新能源汽车产量超 700 万辆，液化天然气（LNG）、甲醇等绿色动力船舶国际市场份额近 50%。

中国初步建立新型自然保护地体系，截至 2021 年底，已建立各级各类自然保护地近万处，占国土陆域面积的 17% 以上，90% 的陆地自然生态系统类型和 74% 的国家重点保护野生动植物物种得到了有效保护。2012 年至 2021 年，中国累计完成造林 9.6 亿亩，防沙治沙 2.78 亿亩，种草改良 6 亿亩，新增和修复湿地 1200 多万亩。中国是全球森林资源增长最多和人工造林面积最大的国家，也在世界范围内率先实现了土地退化“零增长”。

人民群众对党的十八大以来绿色发展成效的感受真切强烈。2018 年以来，累计腾退长江岸线 162 公里，滩岸复绿 1213 万平方米，恢复水域面积 6.8 万亩，长江干流国控断面水质连续两年全线达到Ⅱ类。2012 年至 2021 年，我国城市建成区绿化覆盖率由 39.22% 提高到 42.06%，人均公园绿地面积由 11.8 平方米提高到 14.78 平方米，农村人居环境持续改善。2021 年，京津冀 13 个城市空气质量优良天数比例达到 74.1%，比 2013 年提升 32.2 个百分点。全国地级及以上城市细颗粒物（$PM_{2.5}$）年均浓度由 2015 年的 46 微克 / 立方米降至 2021 年的 30 微克 / 立方米，空气质量优良天数比例达到 87.5%，成为全球大气质量改善速度最快的国家。

中国的绿色发展持续推进有坚实的物质基础。党的十八大以来，中国全面推进数字化改造，重点领域关键工序数控化率由 2012 年的 24.6% 提高到 2021 年的 55.3%，数字化研发设计工具普及率由 48.8% 提高到 74.7%。截至 2021 年底，累计建成绿色工厂 2783 家、绿色工业园区 223 家、绿色供应链管理企业 296 家，制造业绿色化水平显著提升。截至 2021 年底，清洁能源消费比重由 2012 年的 14.5% 提升至 25.5%。我国还开展绿色公路建设专项行动，大力推动废旧路面材料再生利用，截至 2021 年底，高速公路、普通国省道废旧路面材料循环利用率分别达到 95%、80% 以上。统筹推进废旧资源循环利用，提升再生资源加工利用水平。2021 年，废钢铁、废铜、废铝、废铅、废锌、废纸、废塑料、废橡胶、废玻璃等 9 种再生资源循环利用量达 3.85 亿吨。

中国加快构建和完善导向清晰、决策科学、执行有力、激励有效的生态文明制度体系，为绿色发展持续推进构筑坚实的法治基础和制度基础。在法治建设方面，将“生态文明建设”写入宪法，制定和修改长江保护法、黄河保护法、土地管理法、森林法、草原法、湿地保护法、环境保护法、环境保护税法以及大气、水、土壤污染防治法和核安全法等法律，覆盖各重点区域、各种类资源、各环境要素的生态文明法律法规体系基本建立；累计制修订绿色发展有关标准3000余项；强化生态环境行政执法与刑事司法的衔接，形成对破坏生态环境违法犯罪行为的查处侦办工作合力，为绿色发展提供了有力法治保障。在强化监督管理方面，将资源环境相关指标作为国民经济与社会发展的约束性指标，建立完善推进绿色发展的目标评价考核制度，建立和落实领导干部生态文明建设责任制，对领导干部生态环境损害责任实行终身追究。建立中央生态环境保护督察制度，推动解决人民群众反映强烈的突出环境问题。同时健全市场化机制推动绿色发展，创新和完善节水节能、污水垃圾处理、大气污染治理等重点领域的价格形成机制，实施50余项税费优惠政策，在森林、草原、湿地、荒漠、水流、耕地等领域建立生态保护补偿机制，开展全国碳排放权交易市场建设和绿色电力交易试点建设，大力发展绿色金融，截至2021年末，中国本外币绿色信贷余额15.9万亿元，绿色债券存量余额超过1.1万亿元，规模均居全球前列。①

中国坚定走生产发展、生活富裕、生态良好的文明发展道路，建设美丽中国，为人民创造良好生产生活环境，为全球生态安全作出贡献。同时，积极参与全球环境与气候治理，成为全球生态文明建设的重要参与者、贡献者、引领者，体现了负责任大国的担当。中国推动《巴黎协定》达成、签署、生效和实施。习近平主席多次代表中国作出力争2030年前实现碳达峰、2060年前实现碳中和的庄严承诺。《关于完整准确全面贯彻新发展理念做好

---

① 参见国务院新闻办公室：《新时代的中国绿色发展》，2023年1月19日，见http://www.scio.gov.cn/zfbps/32832/Document/1735706/1735706.htm。参见人民网：《〈新时代的中国绿色发展〉白皮书发布》，2023年1月20日，见https://baijiahao.baidu.com/s?id=1755501847552522912&wfr=spider&for=pc。参见中国青年网：《〈新时代的中国绿色发展〉白皮书发布　坚定不移走绿色发展道路》，2023年1月21日，见https://baijiahao.baidu.com/s?id=1755617953246272300&wfr=spider&for=pc。

碳达峰碳中和工作的意见》和《2030年前碳达峰行动方案》共同构成中国推进碳达峰碳中和工作的顶层设计。中国成功举办《生物多样性公约》缔约方大会第十五次会议第一阶段会议，通过《昆明宣言》。中国在经济社会持续健康发展的同时，碳排放强度显著下降。2020年中国碳排放强度比2005年下降48.4%，超额完成了向国际社会承诺的到2020年下降40%至45%的目标，累计少排放二氧化碳约58亿吨，基本扭转了二氧化碳排放快速增长的局面，以实际行动有力地推进全球减碳的进程。这些努力得到了国际社会的认同。欧盟中国贸易协会执行主任格温·松克说："中国坚定不移走绿色发展之路，生态文明建设取得了很大成就，在清洁能源等诸多领域成为引领者，不仅为相关国家和地区实现绿色转型、推动绿色合作提供了难得机遇，更为全球绿色发展作出了积极贡献"。摩洛哥非洲中国合作与发展协会主席纳赛尔·布希巴认为，库布齐沙漠治理就是全球荒漠化防治与土地可持续管理领域的成功实践。"借鉴中方绿色发展模式，我们在摩洛哥沙漠绿洲中设立非中盐水农业示范农场，希望能够为当地减贫与发展带来希望。"①

党的二十大报告把推动绿色发展，促进人与自然和谐共生放在更重要层面，强调大自然是人类赖以生存发展的基本条件。尊重自然、顺应自然、保护自然，是全面建设社会主义现代化国家的内在要求。必须牢固树立和践行绿水青山就是金山银山的理念，站在人与自然和谐共生的高度谋划发展。并对推进美丽中国建设的关键领域，如加快发展方式绿色转型、深入推进环境污染防治、提升生态系统多样性、稳定性、持续性和积极稳妥推进碳达峰碳中和，作出战略部署和系统安排。"十四五"时期，中国将以更大力度推进人与自然和谐共生的现代化，以生态环境高水平保护推动高质量发展、创造高

① 中国侨网：《促进人与自然和谐共生》，2023年1月25日，见https://baijiahao.baidu.com/s?id=1755957504495136958&wfr=spider&for=pc。

品质生活，让绿色成为美丽中国最鲜明、最厚重、最坚实的底色。让生态文明理念在实现第二个百年奋斗目标新征程上发扬光大，为实现社会主义现代化增光增色。

五、中国式现代化是走和平发展道路的现代化

当前，人类社会面临前所未有的挑战，世界又一次站在历史的十字路口。在这个历史关口，党的二十大报告再次向世界强调：中国式现代化是走和平发展道路的现代化。我国不走一些国家通过战争、殖民、掠夺等方式实现现代化的老路。我们坚定站在历史正确的一边、站在人类文明进步的一边，高举和平、发展、合作、共赢旗帜，在坚定维护世界和平与发展中谋求自身发展，又以自身发展更好维护世界和平与发展。

中国道路既有鲜明的中国特色，又有宽广高远的世界眼光和深厚博大的人类情怀。中国共产党把实现推进现代化建设、完成祖国统一、维护世界和平与促进共同发展作为必须锐意进取、埋头苦干、继续奋斗的三大历史任务。中国始终坚持维护世界和平、促进共同发展的外交政策宗旨，致力于推动构建人类命运共同体；不断以中国新发展为世界提供新机遇，推动建设开放型世界经济，更好惠及各国人民。中国用几十年时间走完了发达国家几百年走过的发展历程，全面建成小康社会，享有前所未有的尊严和权利。这不仅是中国的巨大变化，也是人类社会的巨大进步，更是中国对世界和平与发展的巨大贡献。习近平主席曾强调："和平与发展是我们的共同事业，公平正义是我们的共同理想，民主自由是我们的共同追求。"①党的十八大以

---

① 习近平：《在中华人民共和国恢复联合国合法席位50周年纪念会议上的讲话》，《人民日报》2021年10月26日。

来，中国提出推动构建人类命运共同体、推动构建新型国际关系、共建“一带一路”、正确义利观、新安全观、全球治理观、文明观等一系列重要理念、重要倡议，为维护世界和平、促进共同发展贡献了中国智慧和中国方案。

中国发展为世界和平与发展注入了正能量。改革开放之初，我们党科学判断时代特征和国际形势，提出和平与发展是当今时代的主题。坚持维护世界和平、促进共同发展的外交政策宗旨，调整同主要大国的关系，发展同周边国家的睦邻友好关系，深化同广大发展中国家的友好合作。中国始终是世界和平的建设者、全球发展的贡献者、国际秩序的维护者、公共产品的提供者，以中国的新发展为世界提供新机遇。中国依托超大规模市场优势，实行更加积极主动的开放战略。中国坚持共商共建共享，推动共建“一带一路”高质量发展，推进一大批关系共建国家经济发展、民生改善的合作项目。中国以实际行动维护世界和平。70 多年来，中国没有主动挑起过任何一场战争和冲突，没有侵占过别国一寸土地。中国积极参与国际军控、裁军和防扩散进程，反对军备竞赛，维护全球战略平衡与稳定。中国签署或加入《不扩散核武器条约》等 20 个多边军控、裁军和防扩散条约。中国已成为联合国第二大维和预算摊款国和经常性预算会费国，是安理会常任理事国第一大出兵国。2015 年起，中国宣布设立为期 10 年、总额 10 亿美元的中国—联合国和平与发展基金，并于 2016 年正式投入运行。中国始终致力于通过谈判、协商方式处理领土问题和海洋划界争端，同 14 个邻国中的 12 个国家彻底解决了陆地边界问题，划定了中越北部湾海上界线，为和平解决国家间历史遗留问题以及国际争端开辟了崭新道路。中国积极参与重大国际和地区热点问题解决，发挥了建设性作用。

中国积极促进全球共同发展。作为世界上最大的发展中国家，中国一直是全球减贫与发展事业的倡导者、推动者和践行者。在致力于实现自身发展、消除贫困的同时，积极开展南南合作，向其他发展中国家提供不附加任何政治条件的援助，支持和帮助广大发展中国家特别是最不发达国家消除贫困。中国开展对外援助60多年来，共向166个国家和国际组织提供近4000亿元人民币援助，派遣60多万名援助人员，700多人为他国发展献出了宝贵生命。先后7次宣布无条件免除重债穷国和最不发达国家对华到期政府无息贷款债务。中国积极向亚洲、非洲、拉丁美洲和加勒比地区、大洋洲的69个国家提供医疗援助，先后为120多个发展中国家落实联合国千年发展目标提供帮助。积极参与联合国2030年可持续发展议程磋商，全面做好国内落实工作，率先发布落实议程的国别方案和进展报告，在多个领域实现早期收获。在南南合作框架下，为其他发展中国家落实议程提供帮助。

中国坚持和平发展道路，既通过维护世界和平发展自己，又通过自身发展维护世界和平；紧扣服务民族复兴、促进人类进步这条主线，高举和平、发展、合作、共赢的旗帜，推进和完善全方位、多层次、立体化的外交布局，积极发展全球伙伴关系；推动构建人类命运共同体，弘扬和平、发展、公平、正义、民主、自由的全人类共同价值，引领人类进步潮流；为解决人类重大问题，建设持久和平、普遍安全、共同繁荣、开放包容、清洁美丽的世界贡献了中国智慧、中国方案、中国力量，成为推动人类发展进步的重要力量。

中国人民的梦想同各国人民的梦想息息相通，实现中国梦离不开和平的国际环境和稳定的国际秩序。中国坚持统筹国内国际两个大局，始终不渝走和平发展道路、奉行互利共赢的开放战略，坚持正确义利观，树立共同、综合、合作、可持续的新安全观，谋求开放创新、包容互惠的发展前景，促进和而不同、兼收并蓄的文明交流，构筑尊崇自然、绿色发展的生态体系，始终做世界和平的建设者、全球发展的贡献者、国际秩序的维护者、公共产品的提供者。

第三章

深刻影响世界历史进程

百余年来，中国共产党既为中国人民谋幸福、为中华民族谋复兴，也为人类谋进步、为世界谋大同，以自强不息的奋斗深刻改变了世界发展的趋势和格局。对世界发展趋势和格局意义最为重大、影响最为深远的改变，就是使世界范围内社会主义和资本主义两种意识形态、两种社会制度的历史演进及其较量发生了有利于社会主义的重大转变。党的十八大以来，以习近平同志为主要代表的中国共产党人创立了习近平新时代中国特色社会主义思想，明确坚持和发展中国特色社会主义的基本方略，提出一系列治国理政新理念新思想新战略，实现了马克思主义中国化时代化新的飞跃，开辟马克思主义中国化时代化新境界。

中国共产党不断推进马克思主义中国化时代化，不断增强社会主义意识形态凝聚力引领力，不断彰显中国特色社会主义制度优势，塑造了有利于实现中华民族伟大复兴的战略态势，深刻影响了世界历史进程。

第一节　不断谱写马克思主义中国化时代化新篇章

党的百年奋斗展示了马克思主义的强大生命力，这是党百年奋斗重要历史意义所在。马克思主义揭示了人类社会发展规律，是认识世界、改造世界的科学真理。同时，坚持和发展马克思主义，从理论到实践都需要全世界的马克思主义者进行极为艰巨、极具挑战性的努力。百余年来，党坚持把马克思主义写在自己的旗帜上，不断推进马克思主义中国化时代化，用博大胸怀吸收人类创造的一切优秀文明成果，用马克思主义中国化的科学理论引领伟大实践。马克思主义的科学性和真理性在中国得到充分检验，马克思主义的人民性和实践性在中国得到充分贯彻，马克思主义的开放性和时代性在中国得到充分彰显。

历史进程从哪里开始，思想的进程就应当从哪里开始。一个民族要走在时代前列，就一刻不能没有理论思维，一刻不能没有正确思想指引。十八大以来，我们党勇于进行理论探索和创新，以全新的视野深化对共产党执政规律、社会主义建设规律、人类社会发展规律的认识，取得重大理论创新成果。在党的二十大报告中，习近平总书记进一步阐述了开辟马克思主义中国化时代化新境界，形成中国化时代化的马克思主义的历史地位和伟大理论贡献："实践告诉我们，中国共产党为什么能，中国特色社会主义为什么好，归根到底是马克思主义行，是中国化时代化的马克思主义行。拥有马克思主义科学理论指导是我们党坚定信仰信念、把握历史主动的根本所在。"

一、在回答时代课题的实践中推动重大理论创新

一个国家实行什么样的主义，关键要看这个主义能否解决这个国家面临的历史性课题。一切脱离人民的理论都是苍白无力的，一切不为人民造福的理论都是没有生命力的。马克思主义为人类社会发展进步指明了方向，是我们认识世界、把握规律、追求真理、改造世界的强大思想武器。同时，马克思主义理论不是教条，而是行动指南，必须随着实践的变化而发展。马克思

主义能不能在实践中发挥作用，关键在于能否把马克思主义基本原理同中国实际和时代特征结合起来。面对快速变化的世界和中国，如果墨守成规、思想僵化，没有理论创新的勇气，不能科学回答中国之问、世界之问、人民之问、时代之问，不仅党和国家事业无法继续前进，马克思主义也会失去生命力、说服力。

马克思主义是我们立党立国、兴党兴国的根本指导思想。百余年来，党坚持把马克思主义写在自己的旗帜上，不断推进马克思主义中国化时代化，用博大胸怀吸收人类创造的一切优秀文明成果，用马克思主义中国化的科学理论引领伟大实践。在马克思主义中国化时代化不断推进中，中国共产党不断对一系列独创性经验作出理论概括，不断对坚持和发展马克思主义作出贡献。中国共产党之所以能够领导人民在一次次求索、一次次挫折、一次次开拓中完成中国其他各种政治力量不可能完成的艰巨任务，根本在于坚持解放思想、实事求是、与时俱进、求真务实，坚持把马克思主义基本原理同中国具体实际相结合、同中华优秀传统文化相结合，坚持实践是检验真理的唯一标准，坚持一切从实际出发，及时回答时代之问、人民之问，不断推进马克思主义中国化时代化。用马克思主义之“矢”射新时代中国之“的”，应历史之变、解时代之问的实践告诉我们，中国共产党为什么能，中国特色社会主义为什么好，归根到底是马克思主义行，是中国化时代化的马克思主义行。拥有马克思主义科学理论指导是我们党坚定信仰信念、把握历史主动的根本所在。

毛泽东思想是马克思列宁主义在中国的创造性运用和发展，是被实践证明了的关于中国革命和建设的正确的理论原则和经验总结，是马克思主义中国化的第一次历史性飞跃。十月革命一声炮响，给中国送来了马克思列宁主义。五四运动促进了马克思主义在中国的传播。在中国人民和中华民族的伟大觉醒中，在马克思列宁主义同中国工人运动的紧密结合中，1921 年 7 月中国共产党应运而生。在革命斗争中，以毛泽东同志为主要代表的中国共产党人，把马克思列宁主义基本原理同中国具体实际相结合，对经过艰苦探索、付出巨大牺牲积累的一系列独创性经验作了理论概括，开辟了农村包围城市、武装夺取政权的正确革命道路，创立了毛泽东思想，为夺取新民主主义革命胜利指明了正确方向。在完成社会主义革命和推进社会主义建设时期，毛泽东同志提出把马克思列宁主义基本原理同中国具体实际进行"第二次结合"，以毛泽东同志为主要代表的中国共产党人，结合新的实际丰富和发展毛泽东思想，提出关于社会主义建设的一系列重要思想，包括社会主义社会是一个很长的历史阶段，严格区分和正确处理敌我矛盾和人民内部矛盾，正确处理我国社会主义建设的十大关系，走出一条适合我国国情的工业化道路，尊重价值规律，在党与民主党派的关系上实行"长期共存、互相监督"的方针，在科学文化工作中实行"百花齐放、百家争鸣"的方针等。这些独创性理论成果至今仍有重要指导意义。党在社会主义革命和建设中取得的独创性理论成果和巨大成就，为在新的历史时期开创中国特色社会主义提供了宝贵经验、理论准备、物质基础。毛泽东思想的活的灵魂是贯穿于各个组成部分的立场、观点、方法，体现为实事求是、群众路线、独立自主三个基本方面，为党和人民事业发展提供了科学指引。毛泽东思想是马克思列宁主义在中国的创造性运用和发展，是被实践证明了的关于中国革命和建设的正确的理论原则和经验总结。

改革开放和社会主义现代化建设新时期，中国共产党人把马克思主义基本原理同中国改革开放的具体实际结合起来，团结带领人民进行建设中国特色社会主义新的伟大实践。党深刻认识到，开创改革开放和社会主义现代化建设新局面，必须以理论创新引领事业发展。党领导和支持开展真理标准问题大讨论，从新的实践和时代特征出发坚持和发展马克思主义，科学回答了建设中国特色社会主义的发展道路、发展阶段、根本任务、发展动力、发展战略、政治保证、祖国统一、外交和国际战略、领导力量和依靠力量等一系列基本问题，形成中国特色社会主义理论体系，实现了马克思主义中国化新的飞跃。党的十一届三中全会以后，以邓小平同志为主要代表的中国共产党人，团结带领全党全国各族人民，围绕什么是社会主义、怎样建设社会主义这一根本问题，创立了邓小平理论，作出把党和国家工作中心转移到经济建设上来、实行改革开放的历史性决策，深刻揭示社会主义本质，确立社会主义初级阶段基本路线，明确提出走自己的路、建设中国特色社会主义，科学回答了建设中国特色社会主义的一系列基本问题，制定了到21世纪中叶分三步走、基本实现社会主义现代化的发展战略，成功开创了中国特色社会主义。党的十三届四中全会以后，以江泽民同志为主要代表的中国共产党人，团结带领全党全国各族人民，加深了对什么是社会主义、怎样建设社会主义和建设什么样的党、怎样建设党的认识，形成了“三个代表”重要思想，在国内外形势十分复杂、世界社会主义出现严重曲折的严峻考验面前捍卫了中国特色社会主义，确立了社会主义市场经济体制的改革目标和基本框架，确立了社会主义初级阶段公有制为主体、多种所有制经济共同发展的基本经济制度和按劳分配为主体、多种分配方式并存的分配制度，开创全面改革开放新局面，推进党的建设新的伟大工程，成功把中国特色社会主义推向21世纪。党的十六大以后，以胡锦涛同志为主要代表的中国共产党人，团结带领全党全国各族人民，在全面建设小康社会进程中推进实践创新、理论创新、制度创新，深刻认识和回答了新形势下实现什么样的发展、怎样发展等重大问题，形成了科学发展观，抓住重要战略机遇期，聚精会神搞建设，一心一意谋发展，强调坚持以人为本、全面协调可持续发展，着力保障和改善民生，促进社会公平正义，推进党的执政能力建设和先进性建设，成功在新形势下坚持和发展了中国特色社会主义。

新时代给中国共产党人提出了新的历史性课题：坚持和发展什么样的中

国特色社会主义、怎样坚持和发展中国特色社会主义？建设什么样的社会主义现代化强国、怎样建设社会主义现代化强国？建设什么样的长期执政的马克思主义政党、怎样建设长期执政的马克思主义政党？在新时代，以习近平同志为主要代表的中国共产党人，坚持把马克思主义基本原理同中国具体实际相结合、同中华优秀传统文化相结合，坚持毛泽东思想、邓小平理论、“三个代表”重要思想、科学发展观，深刻总结并充分运用党成立以来的历史经验，从新的实际出发，创立了习近平新时代中国特色社会主义思想，对马克思主义作出了原创性、时代性贡献，开拓了中国特色社会主义的新境界。

在回答时代课题的伟大实践中，不仅创立了习近平新时代中国特色社会主义思想，而且坚持不懈用这一创新理论武装头脑、指导实践、推动工作，为新时代党和国家事业发展提供了根本遵循。习近平同志对关系新时代党和国家事业发展的一系列重大理论和实践问题进行了深邃思考和科学判断，就新时代坚持和发展什么样的中国特色社会主义、怎样坚持和发展中国特色社会主义，建设什么样的社会主义现代化强国、怎样建设社会主义现代化强国，建设什么样的长期执政的马克思主义政党、怎样建设长期执政的马克思主义政党等重大时代课题，提出一系列战略性的治国理政新理念新思想新战略，是习近平新时代中国特色社会主义思想的主要创立者。党确立习近平同志党中央的核心、全党的核心地位，确立习近平新时代中国特色社会主义思想的指导地位，反映了全党全军全国各族人民共同心愿，对新时代党和国家事业发展、对推进中华民族伟大复兴历史进程具有决定性意义。

新时代十年的伟大变革，在党史、新中国史、改革开放史、社会主义发展史、中华民族发展史上具有里程碑意义。习近平新时代中国特色社会主义思想，明确坚持和发展中国特色社会主义的基本方略，提出一系列原创性的治国理政新理念新思想新战略，为党和国家事业发展提供科学指引，实现了马克思主义中国化时代化新的飞跃，是当代中国马克思主义、21 世纪马克思主义，是中华文化和中国精神的时代精华，是新时代十年重大理论创新成果的集中体现。

马克思主义是科学的理论，创造性地揭示了人类社会发展规律。马克思创建了唯物史观和剩余价值学说，揭示了人类社会发展的一般规律，揭示了资本主义运行的特殊规律，为人类指明了从必然王国向自由王国飞跃的途径，为人民指明了实现自由和解放的道路。马克思主义是人民的理论，第一次创立了人民实现自身解放的思想体系。马克思主义是实践的理论，指引着人民改造世界的行动。马克思主义是不断发展的开放的理论，始终站在时代前沿。马克思一再告诫人们，马克思主义理论不是教条，而是行动指南，必须随着实践的变化而发展。一部马克思主义发展史就是马克思、恩格斯以及他们的后继者们不断根据时代、实践、认识发展而发展的历史，是不断吸收人类历史上一切优秀思想文化成果丰富自己的历史。马克思的整个世界观不是教义，而是方法。它提供的不是现成的教条，而是进一步研究的出发点和供这种研究使用的方法。只有发展马克思主义，才能坚持马克思主义，这就是历史的辩证法。

创新才能把握时代、引领时代。解决当代中国问题，要用当代中国马克思主义。当代中国正在经历人类历史上最为宏大而独特的实践创新，改革发展稳定任务之重、矛盾风险挑战之多、治国理政考验之大都前所未有，世界百年未有之大变局深刻变化前所未有，提出了大量亟待回答的理论和实践课题。我们要准确把握时代大势，勇于站在人类发展前沿，聆听人民心声，回应现实需要，坚持解放思想、实事求是、守正创新，更好把坚持马克思主义和发展马克思主义统一起来，坚持用马克思主义之“矢”去射新时代中国之“的”，继续推进马克思主义基本原理同中国具体实际相结合、同中华优秀传统文化相结合，续写马克思主义中国化时代化新篇章。我们党的历史，就是一部不断推进马克思主义中国化的历史，就是一部不断推进理论创新、进行理论创造的历史。实践充分证明，马克思主义深刻改变了中国，中国也极大丰富了马克思主义。

二、中国化时代化的马克思主义在世界展现新形象

实践没有止境，理论创新也没有止境。党的二十大报告郑重宣示："不断谱写马克思主义中国化时代化新篇章，是当代中国共产党人的庄严历史责任。"

推动马克思主义不断发展是中国共产党人的神圣职责。理论的生命力在于不断创新。面对快速变化的世界和中国，如果墨守成规、思想僵化，没有理论创新的勇气，不能科学回答中国之问、世界之问、人民之问、时代之问，不仅党和国家事业无法继续前进，马克思主义也会失去生命力、说服力。只要我们勇于结合新的实践不断推进理论创新、善于用新的理论指导新的实践，就一定能够让马克思主义在中国大地上展现出更强大、更有说服力的真理力量，就必然迸发出感召力、信服力。

中国共产党是善于理论创新的马克思主义政党。中国共产党自建党始，就致力于马克思主义中国化，不断将马克思主义理论与中国革命、建设和改革开放的具体实际相结合。中国共产党推进马克思主义中国化时代化体现了世界眼光，马克思主义中国化的关键是理论与实践相结合，在把马克思主义基本原理运用于中国实践，解决中国革命、建设、改革、发展的实践问题的同时，还要将从中得出的丰富实践经验和认识上升为理论。因而，马克思主义基本原理与中国具体实际相结合是双向结合，是不断相互作用的融合过程。这就既要懂得马克思主义基本原理，还要懂得中国的历史与现实；既要立足中国看世界，也要在把握世界大势中看中国，就需要有中国立场和世界

眼光。

中国共产党不断推进理论创新的过程，使中国化时代化的马克思主义体现出世界意义。党的百年历史经验告诉人们，马克思主义中国化时代化从没有离开人类社会发展的大背景，中国共产党人一直在辨析和吸纳人类创造的优秀文明成果的同时，推进马克思主义基本原理与中国革命、建设、改革、发展实际相结合。现代化不是单选题。历史条件的多样性，决定了各国选择发展道路的多样性。每个国家自主探索符合本国国情的现代化道路的努力都应该受到尊重。而每个国家的探索成果，对于其他国家和民族也同样具有重要价值。邓小平同志就曾经说："我们的改革不仅在中国，而且在国际范围内也是一种试验，我们相信会成功。如果成功了，可以对世界上的社会主义事业和不发达国家的发展提供某些经验。"① 马克思主义中国化时代化的历史进程和理论成果，对其他国家和民族的人们具有借鉴意义；中国化时代化的马克思主义使人类社会看到了马克思主义的崭新形象。"'习近平新时代中国特色社会主义思想内涵丰富、博大精深。'曾参与《习近平谈治国理政》英文编审工作的外文出版社外国专家大卫·弗格森表示，习近平新时代中国特色社会主义思想不仅为中国未来发展指引航向，世界也将从中得到启迪。"②

党的二十大报告强调，继续推进实践基础上的理论创新，首先要把握好习近平新时代中国特色社会主义思想的世界观和方法论，坚持好、运用好贯穿其中的立场观点方法，即必须坚持人民至上、坚持自信自立、坚持守正创新、坚持问题导向、坚持系统观念、坚持胸怀天下。新华社在党的二十大报告诞生记中评价说："这是我们党首次从世界观和方法论的高度深刻阐述了推进理论创新的科学方法、正确路径，深刻体现了习近平新时代中国特色社

① 《邓小平文选》第三卷，人民出版社 1993 年版，第 135 页。

② 《真理之光照亮复兴之路——从党的二十大看实现马克思主义中国化时代化新的飞跃》，《人民日报》2022 年 10 月 20 日。

会主义思想的立场观点方法，深刻揭示了这一思想根本的政治立场、彻底的理论品格、独有的精神气质、科学的思想方法，为把握好、运用好这一科学理论的思想精髓、进一步提高全党马克思主义水平提供了‘金钥匙’，为继续推进党的理论创新解决了‘桥和船’的问题。”[①]“六个必须坚持”构成相互联系、内在统一的有机整体，贯穿体现在“十个明确”“十四个坚持”“十三个方面成就”的全部内容之中。把握运用好“六个必须坚持”，就能更好地领会习近平新时代中国特色社会主义思想的科学内涵、精神实质、实践要求，更好地把这一思想转化为广大党员干部的政治修养、理论素养、道德修养和履职尽责的本领。做到了“六个必须坚持”，我们对真理的认知就会更加深入，对马克思主义的原创性贡献就会更加显著，就能不断谱写马克思主义中国化时代化新篇章。

“六个必须坚持”昭示以习近平同志为主要代表的中国共产党人的根本政治立场。中国共产党领导人民打江山、守江山，不仅要守好人民的心，而且要站稳人民立场、把握人民愿望、尊重人民创造、集中人民智慧，形成为人民所喜爱、所认同、所拥有的理论，使之成为指导人民认识世界和改造世界的强大思想武器。在新时代中国共产党人看来，人民性是马克思主义的本质属性，党的理论是来自人民、为了人民、造福人民的理论，人民的创造性实践是理论创新的不竭源泉。

“六个必须坚持”昭示以习近平同志为主要代表的中国共产党人的重大政治原则。必须坚持自信自立。对“自立”的自信，是面对风雨挑战最重要的自信。独立自主是中华民族精神之魂，是我们立党立国的重要原则。中国人民和中华民族从近代以后的深重苦难走向伟大复兴的光明前景，从来就没有教科书，更没有现成答案。党的百年奋斗成功道路是党领导人民独立自主

① 《推动中华民族伟大复兴号巨轮乘风破浪、扬帆远航——党的二十大报告诞生记》，《人民日报》2022 年 10 月 26 日。

探索开辟出来的，马克思主义的中国篇章是中国共产党人依靠自身力量实践出来的，贯穿其中的一个基本点就是中国的问题必须从中国基本国情出发，由中国人自己来解答。在新的历史关口，既不能刻舟求剑、封闭僵化，也不能照抄照搬、食洋不化。我们既要坚持对马克思主义的坚定信仰、对中国特色社会主义的坚定信念，坚定道路自信、理论自信、制度自信、文化自信，还要以更加积极的历史担当和创造精神为发展马克思主义作出新的贡献。

“六个必须坚持”昭示以习近平同志为主要代表的中国共产党人的可贵历史担当。2022 年 5 月，在党的二十大文件起草组第三次全体会议上，习近平总书记明确提出四点要求：把握历史方位、聚焦战略任务、坚持守正创新、增强斗争精神。要求在思想理念、政策举措上既要继承，又要勇于创新。①因为我们从事的是前无古人的伟大事业，守正才能不迷失方向、不犯颠覆性错误，创新才能把握时代、引领时代。“守正”的关键是党的二十大报告强调的“三个不动摇”：坚持马克思主义基本原理不动摇，坚持党的全面领导不动摇，坚持中国特色社会主义不动摇。“创新”的关键是我们要以科学的态度对待科学、以真理的精神追求真理，是紧跟时代步伐，顺应实践发展，以满腔热忱对待一切新生事物，不断拓展认识的广度和深度，敢于说前人没有说过的新话，敢于干前人没有干过的事情，以新的理论指导新的实践。

“六个必须坚持”昭示以习近平同志为主要代表的中国共产党人的强烈使命自觉。今天的中国置身世界百年未有之大变局，中华民族伟大复兴进入关键时期，前行的每一步都是知重负重的艰难登攀，必须准备经受风高浪急甚至惊涛骇浪的重大考验。今天我们所面临问题的复杂程度、解决问题的艰巨程度明显加大，给理论创新提出了全新要求。习近平总书记要求，党的

① 《推动中华民族伟大复兴号巨轮乘风破浪、扬帆远航——党的二十大报告诞生记》，《人民日报》2022 年 10 月 26 日。

二十大报告的起草要增强斗争精神，要充分体现敢于斗争、敢于胜利的精气神，各方面战略谋划和工作举措都要直面矛盾和问题。问题是时代的声音，回答并指导解决问题是理论的根本任务。因此，必须坚持问题导向，增强问题意识，聚焦实践遇到的新问题、改革发展稳定存在的深层次问题、人民群众急难愁盼问题、国际变局中的重大问题、党的建设面临的突出问题，不断提出真正解决问题的新理念新思路新办法。

“六个必须坚持”昭示以习近平同志为主要代表的中国共产党人的思想工作方法。坚持系统观念是马克思主义世界观和方法论的体现。万事万物是相互联系、相互依存的。只有用普遍联系的、全面系统的、发展变化的观点观察事物，才能把握事物发展规律。从实践层面看，我国是一个发展中大国，仍处于社会主义初级阶段，正在经历广泛而深刻的社会变革，推进改革发展、调整利益关系往往牵一发而动全身。因此，必须坚持系统观念。我们要善于通过历史看现实、透过现象看本质，把握好全局和局部、当前和长远、宏观和微观、主要矛盾和次要矛盾、特殊和一般的关系，不断提高战略思维、历史思维、辩证思维、系统思维、创新思维、法治思维、底线思维能力，为前瞻性思考、全局性谋划、整体性推进党和国家各项事业提供科学思想方法。

“六个必须坚持”昭示以习近平同志为主要代表的中国共产党人的崇高情怀追求。中国共产党百年奋斗的一条重要历史经验就是坚持胸怀天下，始终关注人类前途命运。中国共产党是为中国人民谋幸福、为中华民族谋复兴的党，也是为人类谋进步、为世界谋大同的党。建设一个什么样的世界，如何建设这个世界，是人类社会永恒的命题。人类生活在同一个地球村，生活在历史和现实交汇的同一个时空里，越来越成为你中有我、我中有你的命运共同体。以史为鉴、开创未来，必须不断推动构建人类命运共同体。要拓展世界眼光，深刻洞察人类发展进步潮流，积极回应各国人民普遍关切，为解决人类面临的共同问题作出贡献，以海纳百川的宽阔胸襟借鉴吸收人类一切优秀文明成果，推动建设更加美好的世界。

当代中国的伟大社会变革，不是简单延续我国历史文化的母版，不是简单套用马克思主义经典作家设想的模板，不是其他国家社会主义实践的再版，也不是国外现代化发展的翻版。以习近平同志为主要代表的中国共产党人坚持用马克思主义观察时代、解读时代、引领时代，用鲜活丰富的当代中国实践来推动马克思主义发展，用宽广视野吸收人类创造的一切优秀文明成果，坚持在改革中守正出新、不断超越自己，在开放中博采众长、不断完善自己，不断深化对共产党执政规律、社会主义建设规律、人类社会发展规律的认识，不断开辟当代中国马克思主义、21 世纪马克思主义新境界。马克思主义中国化时代化不断取得成功，使马克思主义以崭新形象展现在世界上。

第二节 不断增强社会主义意识形态凝聚力引领力

意识形态工作是为国家立心、为民族立魂的工作。党的十八大以来，以习近平同志为核心的党中央把意识形态工作摆在全局工作的重要位置，就意识形态领域许多方向性、战略性问题作出部署，积极壮大主流思想舆论，坚决同一切错误思潮作斗争，不断巩固马克思主义在意识形态领域的指导地位，巩固全党全国人民团结奋斗的共同思想基础。我国意识形态领域形势发生全局性、根本性转变，全党全国各族人民文化自信明显增强，全社会凝聚力和向心力极大提升，为新时代开创党和国家事业新局面提供了坚强思想保证和强大精神力量。

一、建设具有强大凝聚力和引领力的社会主义意识形态

建设具有强大凝聚力和引领力的社会主义意识形态，是全党特别是宣传思想战线必须担负起的一个战略任务。

经济建设是党的中心工作，意识形态工作是党的一项极端重要的工作。意识形态决定着一个国家、一个政党的性质，决定着举什么旗、走什么路这一根本问题。意识形态工作是在人的头脑里搞建设。能否做好意识形态工作，事关党的前途命运，事关国家长治久安，事关民族凝聚力和向心力。我们要深刻认识经济基础对上层建筑的决定作用，深刻认识上层建筑对经济基础的反作用，既要有硬实力，也要有软实力，既要切实做好中心工作、为意识形态工作提供坚实物质基础，又要切实做好意识形态工作、为中心工作提供有力保障；既不能因为中心工作而忽视意识形态工作，也不能使意识形态工作游离于中心工作。我们党历来高度重视理论武装，坚持理论创新每前进一步，理论武装就跟进一步，不断巩固全党全国人民团结奋斗的共同思想基础。先进的意识形态、统一的思想意志是确保全党始终步调一致向前进的重要保证，是筑牢全国人民共同思想基础、凝聚磅礴奋进力量的必然要求。理论一经掌握群众，也会变成物质力量。理论自觉、文化自信，是一个民族进步的力量；价值先进、思想解放，是一个社会活力的来源。党的十八大以来，全党把坚决维护习近平总书记党中央的核心、全党的核心地位，坚决维护党中央权威和集中统一领导作为党的政治建设的首要任务，坚持用党的创新理论武装全党、用社会主义意识形态凝聚全党，引导全党坚定不移向党中央看齐，自觉在思想上政治上行动上同党中央保持高度一致，党的团结统一更加巩固，社会主义意识形态的凝聚力和引领力不断增强，为全面建成小康社会、实现第一个百年奋斗目标注入了强大精神动力。

党的十八大以来，以习近平同志为主要代表的中国共产党人，坚持马克

思列宁主义、毛泽东思想、邓小平理论、“三个代表”重要思想、科学发展观，全面贯彻习近平新时代中国特色社会主义思想，全面贯彻党的基本路线、基本方略，采取一系列战略性举措，推进一系列变革性实践，实现一系列突破性进展，取得一系列标志性成果，经受住了来自政治、经济、意识形态、自然界等方面的风险挑战考验，党和国家事业取得历史性成就、发生历史性变革，推动我国迈上全面建设社会主义现代化国家新征程。我们确立和坚持马克思主义在意识形态领域指导地位的根本制度，新时代党的创新理论深入人心，社会主义核心价值观广泛传播，中华优秀传统文化得到创造性转化和创新性发展，文化事业日益繁荣，网络生态持续向好，意识形态领域形势发生全局性、根本性转变。

意识形态工作的核心，是巩固马克思主义在意识形态领域的指导地位，巩固全党全国人民团结奋斗的共同思想基础。中国共产党着力解决意识形态领域党的领导弱化问题，立破并举、激浊扬清，确立和坚持马克思主义在意识形态领域指导地位的根本制度，健全意识形态工作责任制，推动全党动手抓宣传思想工作，守土有责、守土负责、守土尽责，敢抓敢管、敢于斗争，旗帜鲜明反对和抵制各种错误观点。从正本清源入手加强宣传思想工作，召开全国宣传思想工作会议，分别召开文艺工作、党的新闻舆论工作、网络安全和信息化工作、哲学社会科学工作座谈会和全国高校思想政治工作会议，就一系列根本性问题阐明原则立场，廓清了理论是非，校正了工作导向，思想文化领域向上向好态势不断发展。

在意识形态工作中，党中央强调，必须坚持以人民为中心的工作导向，举旗帜、聚民心、育新人、兴文化、展形象，牢牢掌握意识形态工作领导权，建设具有强大凝聚力和引领力的社会主义意识形态，建设社会主义文化强国，激发全民族文化创新创造活力，更好构筑中国精神、中国价值、中国力量，巩固全党全国各族人民团结奋斗的共同思想基础。党的十八大以来，隆重庆祝中国人民解放军建军九十周年、改革开放四十周年，隆重纪念中国人民抗日战争暨世界反法西斯战争胜利七十周年、中国人民志愿军抗美援朝出国作战七十周年，成功举办北京冬奥会、冬残奥会，青年一代更加积极向上，全党全国各族人民文化自信明显增强、精神面貌更加奋发昂扬。

面对包括意识形态方面在内的风险挑战，坚持团结稳定鼓劲、正面宣传为主，是宣传思想工作必须遵循的重要方针。我们正在进行具有许多新的历史特点的伟大斗争，面临的挑战和困难前所未有，必须坚持巩固壮大主流思想舆论，弘扬主旋律，传播正能量，激发全社会团结奋进的强大力量。推动用党的创新理论武装全党、教育人民、指导实践，深化马克思主义理论研究和建设，推进中国特色哲学社会科学学科体系、学术体系、话语体系建设。高度重视传播手段建设和创新，推动媒体融合发展，提高新闻舆论传播力、引导力、影响力、公信力。关键是要提高质量和水平，把握好时、度、效，增强吸引力和感染力，让群众爱听爱看、产生共鸣，充分发挥正面宣传鼓舞人、激励人的作用。在事关大是大非和政治原则问题上，必须增强主动性、掌握主动权、打好主动仗，帮助干部群众划清是非界限、澄清模糊认识。

正是这一系列方向性、战略性部署和努力，取得了历史性的成效。党的十八大以来，我国意识形态领域形势发生全局性、根本性转变，全党全国各族人民文化自信明显增强，全社会凝聚力和向心力极大提升，为新时代开创党和国家事业新局面提供了坚强思想保证和强大精神力量，为党和国家兴旺发达、长治久安提供了有力保证。

新时代十年的伟大变革，在党史、新中国史、改革开放史、社会主义发展史、中华民族发展史上具有里程碑意义。党的二十大报告特别强调了新时代十年的四个“里程碑”：走过百年奋斗历程的中国共产党在革命性锻造中更加坚强有力，中国人民焕发出更为强烈的历史自觉和主动精神，实现中华民族伟大复兴进入了不可逆转的历史进程，科学社会主义在21世纪的中国焕发出新的蓬勃生机。这既让人们从非凡成就中获得巨大鼓舞，又从伟大意义中获得团结奋斗的精神力量。

党的二十大强调，要坚持马克思主义在意识形态领域指导地位的根本制度，坚持为人民服务、为社会主义服务，坚持百花齐放、百家争鸣，坚持创造性转化、创新性发展，以社会主义核心价值观为引领，发展社会主义先进文化，弘扬革命文化，传承中华优秀传统文化，满足人民日益增长的精神文化需求，巩固全党全国各族人民团结奋斗的共同思想基础，不断提升国家文化软实力和中华文化影响力。

党的二十大对建设具有强大凝聚力和引领力的社会主义意识形态作出了五个方面的战略部署。一是建设具有强大凝聚力和引领力的社会主义意识形态。这是全党特别是宣传思想战线必须担负起的一个战略任务。必须牢牢掌握党对意识形态工作领导权，全面落实意识形态工作责任制，巩固壮大奋进新时代的主流思想舆论。健全用党的创新理论武装全党、教育人民、指导实践工作体系。深入实施马克思主义理论研究和建设工程，加快构建中国特色哲学社会科学学科体系、学术体系、话语体系，培育壮大哲学社会科学人才队伍。加强全媒体传播体系建设，塑造主流舆论新格局。健全网络综合治理体系，推动形成良好网络生态。二是广泛践行社会主义核心价值观。社会主义核心价值观是凝聚人心、汇聚民力的强大力量，是当代中国精神的集中体现，凝结着全体人民共同的价值追求。通过各种有效手段，把社会主义核心价值观融入法治建设、融入社会发展、融入日常生活，成为中国人的独特精神支柱。三是提高全社会文明程度。既要积极努力推动明大德、守公德、严私德，提高人民道德水准和文明素养，在全社会弘扬劳动精神、奋斗精神、奉献精神、创造精神、勤俭节约精神，培育时代新风新貌，也要推动全社会见贤思齐、崇尚英雄、争做先锋，增强人民群众敢于斗争、敢于胜利的信心和精气神。四是繁荣发展文化事业和文化产业。坚持以人民为中心的创作导向，推出更多增强人民精神力量的优秀作品。五是增强中华文明传播力影响力。坚守中华文化立场，提炼展示中华文明的精神标识和文化精髓，是讲好中国故事、传播好中国声音，展现可信、可爱、可敬的中国形象的重要前提；加快构建中国话语和中国叙事体系，是讲好中国故事、增强中华文化传播力影响力的基础；加强国际传播能力建设，是增强中华文明传播力影响力的物质基础和能力基础；全面提升国际传播效能，形成同我国综合国力和国际地位相匹配的国际话语权，是对全党全国的目标要求。在此基础上，在国际文化激荡中深化文明交流互鉴，推动中华文化更好走向世界。

二、为全面推进中华民族伟大复兴提供强大精神力量

实现中华民族伟大复兴必然要求中华文化繁荣兴盛。一个民族的复兴需要强大的物质力量，也需要强大的精神力量。没有先进文化的积极引领，没有人民精神世界的极大丰富，没有民族精神力量的不断增强，一个国家、一个民族不可能屹立于世界民族之林。近代以来，中华民族从磨难中奋起、从民族危亡走向民族复兴的历程，也正是中华文化焕发活力、走向复兴的历程。今天，实现中华民族伟大复兴进入了不可逆转的历史进程。越是接近目标，越需要准备付出更为艰巨、更为艰苦的努力，越需要增强人民力量、振奋民族精神。这就要求我们不断推进文化自信自强，不断增强社会主义意识形态凝聚力引领力，促进社会主义文化繁荣发展，为实现第二个百年奋斗目标提供思想保证、舆论支持、精神动力和文化条件，为全面推进中华民族伟大复兴提供更为主动、更为强大的精神力量。

增强实现中华民族伟大复兴的精神力量的政治基础和制度基础，要坚持马克思主义在意识形态领域指导地位的根本制度。以信仰铸魂，才能更凝聚起奋发向上、自信自强的精神力量；坚持为人民服务、为社会主义服务，坚

持百花齐放、百家争鸣，坚持创造性转化、创新性发展，以社会主义核心价值观为引领，才能更好为国家立心、为民族立魂。满足人民日益增长的美好生活需要必然要求不断满足人民精神文化需求。文化既是凝聚人心的精神纽带，又是增进民生福祉的关键因素。进入新发展阶段，人民对美好生活的向往越来越强烈，对精神文化生活更加看重。共同富裕是全体人民共同富裕，是人民群众物质生活和精神生活都富裕。人民群众改善生活品质、走向共同富裕的新期待，对文化建设提出新的更高要求。这就需要我们推动社会主义文化繁荣兴盛，大力加强社会主义精神文明建设，发展社会主义先进文化，弘扬革命文化，传承中华优秀传统文化，发展文化事业和文化产业，不断满足人民群众多样化、多层次、多方面的精神文化需求，既满足人民日益增长的精神文化需求，丰富人民精神世界、增强人民精神力量，促进人的全面发展，又巩固全党全国各族人民团结奋斗的共同思想基础，不断提升国家文化软实力和中华文化影响力。

在开放条件下做意识形态工作、宣传思想和文化建设工作，一项重要任务是引导人们更加全面客观地认识当代中国、看待外部世界。中华民族创造了源远流长的中华文化，中华民族也一定能够创造出中华文化新的辉煌。独特的文化传统，独特的历史命运，独特的基本国情，注定了我们必然要走适合自己特点的发展道路。对我国传统文化，对国外的东西，要坚持古为今用、洋为中用，去粗取精、去伪存真，经过科学的扬弃后使之为我所用。在宣传阐释中国特色时，就要把这几个“讲清楚”的要求贯彻得更到位、落实得更有成效、体现出更高水平。即宣传阐释中国特色，要讲清楚每个国家和民族的历史传统、文化积淀、基本国情不同，其发展道路必然有着自己的特色；讲清楚中华文化积淀着中华民族最深沉的精神追求，是中华民族生生不息、发展壮大的丰厚滋养；讲清楚中华优秀传统文化是中华民族的突出优势，是我们最深厚的文化软实力；讲清楚中国特色社会主义植根于中华文化沃土、反映中国人民意愿、适应中国和时代发展进步要求，有着深厚历史渊源和广泛现实基础。

随着互联网特别是移动互联网的发展，互联网越来越成为信息传播的主渠道、工作生活的新空间、获取公共服务的新平台。互联网、人工智能在内的数字科技和其他科技成果及其应用，正在推动当今世界发生一系列深刻重构，深刻改变着全球经济格局、利益格局、安全格局。世界主要国家都把互联网作为经济发展、技术创新的重点，把互联网作为谋求竞争新优势的战略方向。如何适应以信息技术为核心的新一轮科技革命，如何确保党和国家长治久安，就成为一个必须回答好的时代命题。党中央准确把握时代要求，明确要求人在哪儿、宣传思想工作的重点就在哪儿，网络空间应该成为我们党凝聚共识的新空间；清醒地提出，过不了互联网这一关就过不了长期执政这一关，并高度重视互联网这个意识形态斗争的主阵地、主战场、最前沿，健全互联网领导和管理体制，坚持依法管网治网，营造清朗的网络空间；还明确要求各级领导干部特别是高级干部要主动适应信息化要求、强化互联网思维，善于学习和运用互联网，必须科学认识网络传播规律，提高用网治网水平，使互联网这个最大变量变成事业发展的最大增量。

党的十八大以来，党中央重视互联网、发展互联网、治理互联网，不断推进理论创新和实践创新，不仅走出一条中国特色治网之道，而且提出一系列新思想新观点新论断，形成了网络强国战略思想。习近平总书记强调，我们必须敏锐抓住信息化发展的历史机遇，加强网上正面宣传，维护网络安全，推动信息领域核心技术突破，发挥信息化对经济社会发展的引领作用，加强网信领域军民融合，主动参与网络空间国际治理进程，自主创新推进网络强国建设。党的十八届五中全会通过的“十三五”规划建议明确提出实施网络强国战略以及与之密切相关的“互联网 +”行动计划。习近平同志多次强调要推进媒体融合，把以“全媒体时代和媒体融合发展”为主题的中央政治局集体学习放在人民日报社进行，还在六年间两次主持会议通过加快推进媒体融合的重要文件，并将重点从“加快推动传统媒体和新兴媒体融合发展”提升到“加快推进媒体深度融合发展”。这深刻体现了中国共产党应对挑战所作出的积极、主动的战略抉择。纵览当今世界，还没有任何国家的主要领导人如此重视、部署、推动媒体融合，也没有任何国家把加快推动媒体深度融合置于国家战略的地位。2020 年 9 月，中共中央办公厅、国务院办公厅印发了《关于加快推进媒体深度融合发展的意见》，从重要意义、目标任务、工作原则三个方面明确了媒体深度融合发展的总体要求，并提出要推动主力军全面挺进主战场，以互联网思维优化资源配置，把更多优质内容、先进技术、专业人才、项目资金向互联网主阵地汇集、向移动端倾斜，让分散在网下的力量尽快进军网上、深入网上，做大做强网络平台，占领新兴传播阵地。

网络强国事业的发展，是中国所取得巨大成就的重要组成部分。2021 年，我国互联网上网人数达 10.3 亿人。中央网信办在“中国这十年”系列主题新闻发布会上介绍了新时代网络强国建设多方面成就。党对网信工作的集中统一领导有力加强，网络空间主旋律和正能量更加高昂。网络综合治理体系日益完善，出台《关于加快建立网络综合治理体系的意见》，推动网络治理由事后管理向过程治理、多头管理向协同治理转变。新闻发布会在介绍网络基础设施建设步伐加快方面成绩时披露了一连串数据：我国网民规模、国家顶级域名注册量均为全球第一，互联网发展总体水平居全球第二。2012—2021 年，我国网民规模从 5.64 亿增长到 10.32 亿，互联网普及率从 42.1% 提升到 73%。建成全球最大规模 5G 网络和光纤宽带，5G 基站数达 185.4 万个，5G 移动电话用户超过 4.55 亿户。所有地级市全面建成光网城市，行政村、脱贫村通宽带率达 100%。IPv6 规模部署成效显著，拥有地址数量居世界第二。我国新一代信息基础设施正朝着高速泛在、天地一体、云网融合、智能便捷、绿色低碳、安全可控的方向加速演进。中国网络强国事业发展成就最重要表现之一，就是信息惠民便民成效显著。在中国，信息化服务全面普及，“互联网 +”教育、医疗等深入推进，数字抗疫成效显著，数字政府、数字乡村建设加快推进，全国一体化政务服务平台注册用户超过 10 亿人，“一网通办”“异地可办”已成现实。作为贯彻总体国家安全观的重要体现，网络安全保障体系和能力建设全面加强。建立健全网络安全防护体系，强化关键信息基础设施安全保护，加强数据安全管理和个人信息保护，网络安全审查有序开展，网络安全学科和人才建设深入推进。新时代十年，网络空间法治化进程加快推进，推动出台《网络安全法》《数据安全法》《个人信息保护法》等法律法规 100 余部，持续加大网络执法力度，坚决查处各类违法违规案件。网络空间国际合作深化拓展。

使互联网这个最大变量变成事业发展最大增量的关键之一，在于把制度优势转化为巩固壮大主流思想舆论的综合优势，推动主力军全面挺进主战场。要充分发挥制度优势，把我们掌握的社会思想文化公共资源、社会治理大数据、政策制定权的制度优势转化为巩固壮大主流思想舆论的综合优势。推动主力军全面挺进主战场的实施要求是立体的、全面的。它包括，一是要把党的优良传统和新技术新手段结合起来，强化媒体与受众的连接，以开放平台吸引广大用户参与信息生产传播，生产群众更喜爱的内容，建构群众离不开的渠道。二是要以互联网思维优化资源配置，把更多优质内容、先进技术、专业人才、项目资金向互联网主阵地汇集、向移动端倾斜。三是要让分散在网下的力量尽快进军网上、深入网上，做大做强网络平台，占领新兴传播阵地。四是要以先进技术引领驱动融合发展。正是因为从全球范围看，媒体智能化进入快速发展阶段。因此，要探索将人工智能运用在新闻采集、生产、分发、接收、反馈中，用主流价值导向驾驭算法，全面提高舆论引导能力。

正能量是总要求，管得住是硬道理，用得好是真本事。算法是基于数据、用系统方法描述、解决问题的策略机制，体现着人工智能的发展与应用。算法在经济生活、社会生活多个领域广泛应用的同时，基于庞大用户群不断积累的数据更新迭代，从而一步步成为影响信息分发、服务提供、机会分配、资源配置的基础性机制和力量。在新的历史条件下，既要用得好算法，顺应人工智能的发展趋势，鼓励算法创新发展；也要管得住算法，必须加速健全算法安全综合治理机制，有效防范算法滥用带来的风险隐患；更要通过加强算法综合治理，实现用主流价值导向驾驭算法。

如何实施算法监管，对全球各国都是新问题。以法治落实"用主流价值导向驾驭算法"，才能真正实现管得住、用得好。2021 年是中国在算法综合治理有关的法律法规建设方面取得里程碑性成果的一年。2021 年 9 月施行的《中华人民共和国数据安全法》对数据处理活动进行了全面规范。2021 年 11 月施行的《中华人民共和国个人信息保护法》第一次定义了"自动化决策"一词作为法律概念的含义，对影响个人信息保护的算法服务所做的自动化决策设立了一系列规则。国家互联网信息办公室、中央宣传部等九部委于 2021 年 9 月公布了《关于加强互联网信息服务算法综合治理的指导意见》，对管理好、使用好、发展好算法应用作出了顶层设计，确定了"利用三年左右时间，逐步建立治理机制健全、监管体系完善、算法生态规范的算法安全综合治理格局"的目标，并就健全算法安全治理机制、构建算法安全监管体系、促进算法生态规范发展作出了规定和系统安排。2022 年 1 月，国家网信办等四部委发布《互联网信息服务算法推荐管理规定》，对算法推荐服务提供者的责任和义务、算法推荐服务公告和算法备案等制度、算法推荐未成年人模式等作出了详细规定；并明确将根据算法推荐服务的舆论属性或者社会动员能力、内容类别、用户规模、算法推荐技术处理的数据敏感程度、对用户行为的干预程度等对算法推荐服务提供者实施分类分级管理；并对算法安全评估和监督检查作出具体规定。《互联网信息服务算法推荐管理规定》是世界上第一部系统性规制算法的部门规章。

第三节　不断彰显中国特色社会主义制度优势

建立什么样的国家制度，是近代以来中国人民面临的一个历史性课题。一个国家选择什么样的国家制度和国家治理体系，是由这个国家的历史文化、社会性质、经济发展水平决定的。中国特色社会主义制度和国家治理体系不是从天上掉下来的，而是在中国的社会土壤中生长起来的，是经过革命、建设、改革长期实践形成的，是马克思主义基本原理同中国具体实际相结合的产物，是理论创新、实践创新、制度创新相统一的成果，凝结着党和人民的智慧，具有深刻的历史逻辑、理论逻辑、实践逻辑。中国特色社会主义制度是党和人民在长期实践探索中形成的科学制度体系，我国国家治理的一切工作和活动都依照中国特色社会主义制度展开，我国国家治理体系和治理能力是中国特色社会主义制度及其执行能力的集中体现。

新中国 70 多年取得的历史性成就充分证明，中国特色社会主义制度是当代中国发展进步的根本保证。实践证明，中国特色社会主义制度和国家治理体系是以马克思主义为指导、植根中国大地、具有深厚中华文化根基、深得人民拥护的制度和治理体系，是具有强大生命力和巨大优越性的制度和治理体系，是能够持续推动拥有 14 亿多人口大国进步和发展、确保拥有 5000 多年文明史的中华民族实现“两个一百年”奋斗目标进而实现伟大复兴的制度和治理体系。实践证明，我们党把马克思主义基本原理同中国具体实际相结合，在古老的东方大国建立起保证亿万人民当家作主的新型国家制度，使中国特色社会主义制度成为具有显著优越性和强大生命力的制度，保障我国创造出经济快速发展、社会长期稳定的奇迹，也为发展中国家走向现代化提供了全新选择，为人类探索建设更好社会制度贡献了中国智慧和中国方案。党的十八大以来，以习近平同志为核心的党中央以巨大的政治勇气全面深化改革，各领域基础性制度框架基本建立，许多领域实现历史性变革、系统性重塑、整体性重构，新一轮党和国家机构改革全面完成，中国特色社会主义制度更加成熟更加定型，国家治理体系和治理能力现代化水平明显提高。实践证明，中国特色社会主义制度是具有显著优越性和强大生命力的制度。

一、完善中国特色社会主义制度理论与实践

坚持和完善中国特色社会主义制度、推进国家治理体系和治理能力现代化既是一项长期战略任务，又是一个重大现实课题。科学社会主义和空想社会主义的一大区别，就在于它不是一成不变的教条，而是把社会主义看作一个不断完善和发展的实践过程。“我们提出的国家制度和国家治理体系建设的目标必须随着实践发展而与时俱进，既不能过于理想化、急于求成，也不能盲目自满、故步自封。”①制度更加成熟更加定型是一个动态过程，治理能力现代化也是一个动态过程，不可能一蹴而就，也不可能一劳永逸。

中国共产党自成立之日起就致力于建设人民当家作主的新社会，提出了关于未来国家制度的主张，并领导人民为之进行斗争。土地革命时期，我们党在中央苏区建立了中华苏维埃共和国，开始了国家制度和法律制度建设的

① 习近平：《坚持和完善中国特色社会主义制度　推进国家治理体系和治理能力现代化》，《求是》2020 年第 1 期。

探索。抗日战争时期，我们党建立以延安为中心、以陕甘宁边区为代表的抗日民主政权，成立边区政府，按照“三三制”原则，以参议会为最高权力机关，建立各级立法、行政、司法机关。总之，在新民主主义革命时期，我们党团结带领人民在根据地创建人民政权，探索建立新民主主义经济、政治、文化制度，为建立人民当家作主的新型国家制度积累了宝贵经验。

新中国成立后，我们党团结带领人民制定《共同纲领》、1954 年宪法，确定了国体、政体、国家结构形式，建立了国家政权组织体系。我们党进而团结带领人民进行社会主义改造，确立了社会主义基本制度，成功实现了中国历史上最深刻最伟大的社会变革，为当代中国一切发展进步奠定了根本政治前提和制度基础。改革开放以来，我们党团结带领人民开创了中国特色社会主义，不断完善中国特色社会主义制度和国家治理体系，使当代中国焕发出前所未有的生机活力。

党的十八届三中全会首次提出推进国家治理体系和治理能力现代化这个重大命题，并把完善和发展中国特色社会主义制度、推进国家治理体系和治理能力现代化确定为全面深化改革的总目标。党的十八届五中全会进一步强调，“十三五”时期要实现各方面制度更加成熟更加定型，国家治理体系和治理能力现代化取得重大进展，各领域基础性制度体系基本形成。党的十八届三中全会推出 336 项重大改革举措。经过 5 年多的努力，重要领域和关键环节改革成效显著，主要领域基础性制度体系基本形成，为推进国家治理体系和治理能力现代化打下了坚实基础。

党的十九大作出到 21 世纪中叶把我国建成富强民主文明和谐美丽的社会主义现代化强国的战略安排，其中制度建设和治理能力建设的目标是：到 2035 年，各方面制度更加完善，国家治理体系和治理能力现代化基本实现；到 21 世纪中叶，实现国家治理体系和治理能力现代化，推动中国特色社会主义制度更加成熟更加定型。党的十九届二中、三中全会分别就修改宪法和深化党和国家机构改革作出部署，在制度建设和治理能力建设上迈出了新的重大步伐。党的十九届三中全会指出：我们党要更好领导人民进行伟大斗争、建设伟大工程、推进伟大事业、实现伟大梦想，必须加快推进国家治理体系和治理能力现代化，努力形成更加成熟更加定型的中国特色社会主义制度。这是摆在我们党面前的一项重大任务。

相比过去，新时代改革开放具有许多新的内涵和特点，其中很重要的一点就是制度建设分量更重，改革面对更多的是深层次体制机制问题，对改革顶层设计的要求更高，对改革的系统性、整体性、协同性要求更强，相应地建章立制、构建体系的任务更重。新时代谋划全面深化改革，必须以坚持和完善中国特色社会主义制度、推进国家治理体系和治理能力现代化为主轴，深刻把握我国发展要求和时代潮流，把制度建设和治理能力建设摆到更加突出的位置，继续深化各领域各方面体制机制改革，推动各方面制度更加成熟更加定型，推进国家治理体系和治理能力现代化。

党的十九届四中全会系统总结我国国家制度和国家治理体系的发展成就和显著优势，目的就是推动全党全国各族人民坚定制度自信，使我国国家制度和国家治理体系多方面的显著优势更加充分地发挥出来。党从国内外政治发展成败得失中深刻认识到，坚定中国特色社会主义制度自信首先要坚定对中国特色社会主义政治制度的自信。党的十九届四中全会通过的《中共中央关于坚持和完善中国特色社会主义制度，推进国家治理体系和治理能力现代化若干重大问题的决定》，深刻阐述了支撑中国特色社会主义制度的根本制度、基本制度、重要制度，明确了坚持和完善中国特色社会主义制度、推进国家治理体系和治理能力现代化的总体要求、总体目标和重点任务，提出与时俱进完善和发展的前进方向和工作要求。并第一次系统描绘中国特色社会主义制度由“十三个坚持和完善”组成，从“坚持和完善党的领导制度体系，提高党科学执政、民主执政、依法执政水平”到“坚持和完善党和国家监督体系，强化对权力运行的制约和监督”，覆盖了“坚持和完善中国特色社会主义制度、推进国家治理体系和治理能力现代化”的各个方面。“坚持”体现制度自信，“完善”体现改革创新。这“十三个坚持和完善”，每一个方面都是一个重要的制度体系，支撑着中国特色社会主义制度和国家治理体系。

党的二十大提出重要任务，即坚持深化改革开放。深入推进改革创新，坚定不移扩大开放，着力破解深层次体制机制障碍，不断彰显中国特色社会主义制度优势，不断增强社会主义现代化建设的动力和活力，把我国制度优势更好转化为国家治理效能。

坚持和完善中国特色社会主义制度、推进国家治理体系和治理能力现代化，是关系党和国家事业兴旺发达、国家长治久安、人民幸福安康的重大问题。今天，我们党处在这样的历史方位上，摆在我们面前的一项重大历史任务，就是推动中国特色社会主义制度更加成熟更加定型。中国特色社会主义最本质的特征是中国共产党领导，中国特色社会主义制度的最大优势是中国共产党领导。要在坚持好、巩固好已经建立起来并经过实践检验的根本制度、基本制度、重要制度的前提下，坚持从我国国情出发，继续加强制度创新，加快建立健全国家治理急需的制度、满足人民日益增长的美好生活需要必备的制度。要及时总结实践中的好经验好做法，成熟的经验和做法可以上升为制度、转化为法律。要积极吸收借鉴人类制度文明有益成果，但决不能动摇或放弃我国制度的根基。我们要打赢防范化解重大风险攻坚战，必须坚持和完善中国特色社会主义制度、推进国家治理体系和治理能力现代化，运用制度威力应对风险挑战的冲击。

中国特色社会主义制度好不好、优越不优越，中国人民最清楚，也最有发言权。社会主义的制度优势得到极大彰显，体现在党领导社会建设所取得的伟大成就上。在全球最大人口群体实施“幼有所育、学有所教”和实施积极就业政策，是彰显中国特色社会主义制度优势的重要方面。从新中国成立之初就大规模开展扫盲运动，到2000年实现了基本普及九年义务教育和基本扫除青壮年文盲，2012年以来国家财政性教育经费占国内生产总值比例一直保持在4%以上，教育事业发展取得了历史性成就，各级教育普及程度均达到或超过中高收入国家平均水平。就业是最大的民生，改革开放以来，党和政府始终坚持就业优先战略，实施积极的就业政策，全面推进创新创业。我国就业人员规模从1978年的40152万人增加到2019年的77471万人。①2021年末，全国农民工规模达到29251万人，比上年末增加691万人。②特别是党的十八大以来，我国积极培育壮大经济新动能，大力发展服务业，优化营商环境，鼓励创业创新，新就业形态、新就业机会不断涌现。"2021年服务业增加值609680亿元，比上年增长8.2%，两年平均增长5.0%。服务业增加值占国内生产总值比重为53.3%，对经济增长的贡献率为54.9%，拉动国内生产总值增长4.5个百分点，分别高出第二产业13.9、16.5和1.4个百分点。"③就业形势持续保持稳定，对经济社会稳定发展和改善人民生活发挥了重大作用。中国建成全球最大社会保障网，人民健康水平稳步提升，同样彰显了中国特色社会主义制度优势。养老保障覆盖近10亿人。我国居民人均预期寿命提高到77.3岁，孕产妇死亡率、婴儿死亡率、5岁以下儿童死亡率分别下降至17.8/10万、5.6‰、7.8‰，主要健康指标总体上优于中高收入国家平均水平。④

中国特色社会主义制度与我国传承了几千年的优秀历史文化和广大人民

---

① 数据来源于国务院发展研究中心社会发展研究部。参见李建伟：《党领导社会建设的伟大成就》，《学习时报》2021年8月20日。

② 王萍萍：《2021年就业形势总体稳定》，2022年1月18日，见http://www.stats.gov.cn/tjsj/sjjd/202201/t20220118_1826535.html。

③ 李锁强：《服务业以韧克难开新局　新动能乘势而上育先机》，2022年1月18日，见http://www.stats.gov.cn/tjsj/sjjd/202201/t20220118_1826516.html。

④ 李建伟：《党领导社会建设的伟大成就》，《学习时报》2021年8月20日。

日用而不觉的价值观念相互融通，不仅得到了人们的支持，而且优势得到了充分发挥。人民生活更加殷实富裕，社会事业不断取得新进展，共建共治共享的社会治理格局基本形成，人民安居乐业，社会和谐有序又充满活力。2021 年 6 月发表的《社会主义没有辜负中国》一文就充满激情地写道："新时代的中国，团结的力量一往无前。面对科技的高峰，我们从不退缩。嫦娥飞天、蛟龙入海、天眼观星、北斗组网，就在前不久，'祝融'号火星车经过 295 天的旅程，成功登陆火星。面对霸凌和打压，我们从未屈服，全党全国敢于斗争、勇于胜利，攒成一股劲、拧成一股绳"。社会主义的制度优势得到极大彰显。

二、为人类探索建设更好社会制度作贡献

制度优势是一个国家的最大优势，制度竞争是国家间最根本的竞争。制度稳则国家稳。

中国特色社会主义国家制度和法律制度在实践中显示出巨大优势，包括多个方面，其中以下几个方面最为重要。一是坚持党的领导的优势。中国特色社会主义制度的最大优势是中国共产党领导，中国共产党是最高政治领导力量。正是因为始终在党的领导下，集中力量办大事，国家统一有效组织各项事业、开展各项工作，才能成功应对一系列重大风险挑战、克服无数艰难险阻，始终沿着正确方向稳步前进。党的十九届六中全会通过的《决议》强调：全党必须增强"四个意识"、坚定"四个自信"、做到"两个维护"。二是保证人民当家作主的优势。我们国家的名称，我们各级国家机关的名称，都冠以"人民"的称号，这是我国社会主义国家政权的基本定位。我国国家制度深深植根于人民之中，能够有效体现人民意志、保障人民权益、激发人民创造力。三是坚持全面依法治国的优势。坚持依法治国，坚持法治国

家、法治政府、法治社会一体建设，为解放和增强社会活力、促进社会公平正义、维护社会和谐稳定、确保党和国家长治久安发挥了重要作用。四是实行民主集中制的优势。民主集中制是我国国家组织形式和活动方式的基本原则，是我国国家制度的突出特点。在党的领导下，各个国家机关是一个统一整体，既合理分工，又密切协作，既充分发扬民主，又有效进行集中，克服了议而不决、决而不行、行而不实等不良现象，避免了相互掣肘、效率低下的弊端。

我国国家制度和国家治理体系之所以具有多方面的显著优势，很重要的一点就在于我们党在长期实践探索中，坚持把马克思主义基本原理同中国具体实际相结合，把开拓正确道路、发展科学理论、建设有效制度有机统一起来，用中国化的马克思主义、发展着的马克思主义指导国家制度和国家治理体系建设，不断深化对共产党执政规律、社会主义建设规律、人类社会发展规律的认识，及时把成功的实践经验转化为制度成果，使我国国家制度和国家治理体系既体现了科学社会主义基本原则，又具有鲜明的中国特色、民族特色、时代特色。

我们党把马克思主义基本原理同中国具体实际相结合，在古老的东方大国建立起保证亿万人民当家作主的新型国家制度，使中国特色社会主义制度成为具有显著优越性和强大生命力的制度，保障我国创造出经济快速发展、社会长期稳定的奇迹，也为发展中国家走向现代化提供了全新选择，为人类探索建设更好社会制度贡献了中国智慧和中国方案。

中国特色社会主义制度所不断彰显的优越性与生命力，向人类社会展示我们在发展中国特色社会主义制度时，是如何将马克思主义基本原理同中国具体实际相结合的，是如何让受到中国人民热烈欢迎的科学社会主义主张最终扎根中国大地、开花结果的，是探索更适合自己需要的社会制度时如何展现中国智慧的。中国特色社会主义制度和国家治理体系不是从天上掉下来的，而是在中国的社会土壤中生长起来的，是经过革命、建设、改革长期实践形成的；是党和人民长期奋斗、接力探索、历尽千辛万苦、付出巨大代价取得的根本成就。我们党在长期实践探索中，坚持把马克思主义基本原理同中国具体实际相结合，把开拓正确道路、发展科学理论、建设有效制度有机统一起来，用中国化的马克思主义、发展着的马克思主义指导国家制度和国家治理体系建设，不断深化对共产党执政规律、社会主义建设规律、人类社会发展规律的认识，及时把成功的实践经验转化为制度成果，使我国国家制度和国家治理体系既体现了科学社会主义基本原则，又具有鲜明的中国特色、民族特色、时代特色。这是我国国家制度和国家治理体系之所以具有多方面显著优势的重要原因所在。

中国特色社会主义制度所不断彰显的优越性与生命力，向人类社会展示了中国共产党是如何通过中国式现代化成就展现中国特色社会主义制度的制度优势，从而为人类探索更好社会制度作出中国贡献。看一个制度好不好、优越不优越，要从政治上、大的方面去评判和把握。1980 年，邓小平同志在《党和国家领导制度的改革》中说过，“我们进行社会主义现代化建设，是要在经济上赶上发达的资本主义国家，在政治上创造比资本主义国家的民主更高更切实的民主，并且造就比这些国家更多更优秀的人才”，“党和国家的各种制度究竟好不好，完善不完善，必须用是否有利于实现这三条来检验”。

中国特色社会主义国家制度和法律制度是在长期实践探索中形成的，是人类制度文明史上的伟大创造。我国国家制度深深植根于人民之中，能够有效体现人民意志、保障人民权益、激发人民创造力。始终代表最广大人民根本利益，保证人民当家作主，体现人民共同意志，维护人民合法权益，是我国国家制度和国家治理体系的本质属性，也是我国国家制度和国家治理体系有效运行、充满活力的根本所在。中国特色社会主义制度是一个严密完整的科学制度体系，起四梁八柱作用的是根本制度、基本制度、重要制度，其中具有统领地位的是党的领导制度。党的领导制度是我国的根本领导制度。正是因为始终在党的领导下，集中力量办大事，国家统一有效组织各项事业、开展各项工作，才能成功应对一系列重大风险挑战、克服无数艰难险阻，始终沿着正确方向稳步前进。从人类历史看，中国实现从生产力相对落后的状况到经济总量跃居世界第二的历史性突破，实现人民生活从温饱不足到总体小康、奔向全面小康的历史性跨越，其发展速度都是罕见的。

中国特色社会主义制度所不断彰显的优越性与生命力，还体现在我们从来不排斥任何有利于中国发展进步的他国国家治理经验，而是坚持以我为主、为我所用，去其糟粕、取其精华。比如，在社会主义建设时期，我国国家制度和国家治理体系就借鉴吸收了苏联的许多有益经验。改革开放以来，我们不断扩大对外开放，把社会主义制度和市场经济有机结合起来，既充分发挥市场在资源配置中的决定性作用，又更好发挥政府作用，极大解放和发展了社会生产力，极大解放和增强了社会活力。“我们的制度将一天天完善起来，它将吸收我们可以从世界各国吸收的进步因素，成为世界上最好的制度。这是资本主义所绝对不可能做到的。”①

中国特色社会主义制度所不断彰显的优越性与生命力，向人类社会展示了中国共产党是如何持续通过实践成果和理论思考不断完善中国特色社会主义制度，不断在两种社会制度的较量中极大地彰显中国特色社会主义制度的制度优势，从而为人类探索更好社会制度展现了中国模式。

---

① 《邓小平文选》第二卷，人民出版社 1994 年版，第 337 页。

第四章

推动构建人类命运共同体

北京冬奥会开幕式在表达什么？在总导演张艺谋看来，北京冬奥会整个开幕式讲了一句话：全世界不同的雪花汇聚在北京，成为一朵人类共同的雪花。北京冬奥会最大的创新是点火方式和火炬台。“百年奥运历史上，第一次有这样的主火炬，全部参赛国家和地区的名字都在上面”，形象而艺术地体现了人类命运共同体理念。[①]“大家汇聚在北京，共同成为一朵璀璨的雪花，就是构建人类命运共同体的大的理念，和‘一起向未来’这样人类共同的情感。”在他看来，2008 年北京奥运会要展示我们的历史、传统、走过的道路，而北京冬奥会开幕式更立足于人类的、共同的未来。[②]

十年来，中国推动构建人类命运共同体，弘扬和平、发展、公平、正义、民主、自由的全人类共同价值，引领人类进步潮流，成效显著，构建人类命运共同体成为引领时代潮流和人类前进方向的鲜明旗帜。这个成效和国际社会对构建人类命运共同体的认知，在 2022 年北京冬奥会开幕式上得到简约而精彩、巧妙而温暖的体现。

---

① 新华每日电讯：《张艺谋谈开幕式：这个脑洞，我开了两年多》，2022 年 2 月 5 日，见 https://mp.weixin.qq.com/s/Zw0UJhyWfSVKG27TLmEdTA。

② 新华社：《如此简约　如何精彩？——专访双奥开闭幕式总导演张艺谋》，2022 年 1 月 7 日，见 http://www.2022bmc.cn/2022-01/08/c_1128243403.htm。

第一节　中国方案：推动构建人类命运共同体

党的十八大以来，党中央全面推进中国特色大国外交，推动构建人类命运共同体，弘扬和平、发展、公平、正义、民主、自由的全人类共同价值，引领人类进步潮流。推动构建人类命运共同体是中国式现代化本质要求的有机组成部分。中国共产党推动构建人类命运共同体，为解决人类重大问题，建设持久和平、普遍安全、共同繁荣、开放包容、清洁美丽的世界贡献了中国智慧、中国方案、中国力量，成为推动人类发展进步的重要力量。

一、大道之行：构建人类命运共同体是人类前途所在

当前，世界之变、时代之变、历史之变正以前所未有的方式展开。一方面，和平、发展、合作、共赢的历史潮流不可阻挡，人心所向、大势所趋决定了人类前途终归光明。另一方面，恃强凌弱、巧取豪夺、零和博弈等霸权霸道霸凌行径危害深重，和平赤字、发展赤字、安全赤字、治理赤字加重，人类社会面临前所未有的挑战。何去何从取决于各国人民的抉择。

历史关口，如何抉择？中国提出构建人类命运共同体，开辟出合作共赢、共建共享的发展新道路。“万物并育而不相害，道并行而不相悖”体现了中国智慧。只有各国行天下之大道，和睦相处、合作共赢，繁荣才能持久，安全才有保障。构建人类命运共同体是世界各国人民前途所在。推动构建人类命运共同体，就是每个民族、每个国家的前途命运都紧紧联系在一起，应该风雨同舟、荣辱与共，努力把我们生于斯、长于斯的这个星球建成一个和睦的大家庭，把世界各国人民对美好生活的向往变成现实。人类命运

共同体理念在共建“一带一路”中落地生根、开花结果；推动构建人类命运共同体实践得到当今世界越来越普遍的认同，深刻体现“万物得其本者生，百事得其道者成”。推动构建人类命运共同体是着眼解决当今世界面临的现实问题、实现人类社会和平永续发展的新选择。这正体现了大道之行，天下为公。

2012 年 12 月 5 日，党的十八大胜利闭幕后仅 21 天，习近平总书记同在华工作的外国专家代表座谈时提出“命运共同体”理念和“共同建设一个更加美好的地球家园”的倡议，并强调，中国不仅是合作共赢的积极倡导者，更是合作共赢的切实践行者。在这次座谈会上，习近平总书记指出：“国际社会日益成为一个你中有我、我中有你的命运共同体。面对世界经济的复杂形势和全球性问题，任何国家都不可能独善其身、一枝独秀。这就要求各国同舟共济、和衷共济，在追求本国利益时兼顾他国合理关切，在谋求本国发展中促进各国共同发展，建立更加平等均衡的新型全球发展伙伴关系，增进人类共同利益，共同建设一个更加美好的地球家园。”①“命运共同体”理念，既体现对当今世界国际社会如何共处共生、共同发展的愿景、倡议和推动，又体现“同舟共济、和衷共济”“美人之美、美美与共”的中国智慧。基于“命运共同体”的理念和智慧，还提出建立更加平等均衡的新型全球发展伙伴关系，共同建设一个更加美好的地球家园。在这次座谈会上，习近平总书记向外国专家代表强调：我们的事业是向世界开放学习的事业，我们的事业是同世界各国合作共赢的事业，我们要坚持对外开放的基本国策不动摇。中国既不妄自菲薄，也不妄自尊大，更加注重学习吸收世界各国人民创造的优秀文明成果，同世界各国相互借鉴、取长补短。中国走的是和平发展道路，中国越发展，对世界和平与发展就越有利。中国仍是一个发展中国家，仍然面临

① 《习近平同外国专家代表座谈》，《人民日报》2012 年 12 月 6 日。

一系列严峻挑战，还有许多需要面对和解决的问题。但中国扎实推进同各国的务实合作，坚持向发展中国家提供力所能及的帮助。

4个月后，2013年3月23日，习近平主席在莫斯科国际关系学院发表题为《顺应时代前进潮流　促进世界和平发展》的重要演讲，再次向国际社会发出“成为你中有我、我中有你的命运共同体”的理论和倡议。这是基于对当时世界发展趋势的深刻判断和把握。在这次演讲中，习近平主席从四个方面阐述对世界大势的把握。这个世界，和平、发展、合作、共赢成为时代潮流，旧的殖民体系土崩瓦解，冷战时期的集团对抗不复存在，任何国家或国家集团都再也无法单独主宰世界事务。这个世界，一大批新兴市场国家和发展中国家走上发展的快车道，十几亿、几十亿人口正在加速走向现代化，多个发展中心在世界各地区逐渐形成，国际力量对比继续朝着有利于世界和平与发展的方向发展。这个世界，各国相互联系、相互依存的程度空前加深，人类生活在同一个地球村里，生活在历史和现实交汇的同一个时空里，越来越成为你中有我、我中有你的命运共同体。这个世界，人类依然面临诸多难题和挑战，国际金融危机深层次影响继续显现，形形色色的保护主义明显升温，地区热点此起彼伏，霸权主义、强权政治和新干涉主义有所上升，军备竞争、恐怖主义、网络安全等传统安全威胁和非传统安全威胁相互交织，维护世界和平、促进共同发展依然任重道远。习近平主席在这次重要演讲中指出：“人类社会发展的历史证明，无论会遇到什么样的曲折，历史都总是按照自己的规律向前发展，没有任何力量能够阻挡历史前进的车轮。”①而“命运共同体”就是以中国智慧对人类社会发展提出的中国方案。

2015年9月，习近平主席在纽约联合国总部出席第70届联合国大会一

---

① 习近平：《顺应时代前进潮流　促进世界和平发展——在莫斯科国际关系学院的演讲》，《人民日报》2013年3月24日。

般性辩论发表《携手构建合作共赢新伙伴，同心打造人类命运共同体》的演讲，向国际社会郑重提出："当今世界，各国相互依存、休戚与共。我们要继承和弘扬联合国宪章的宗旨和原则，构建以合作共赢为核心的新型国际关系，打造人类命运共同体。"在这次演讲中，习近平主席引用了"大道之行也，天下为公"的古语，体现了"打造人类命运共同体"倡议背后的中国智慧和总体思考，即我们要建立平等相待、互商互谅的伙伴关系，我们要营造公道正义、共建共享的安全格局，我们要谋求开放创新、包容互惠的发展前景，我们要促进和而不同、兼收并蓄的文明交流，我们要构筑尊崇自然、绿色发展的生态体系。并提出，中国人民的梦想同各国人民的梦想息息相通。中国将始终做世界和平的建设者，坚定走和平发展道路；中国将始终做全球发展的贡献者，坚持走共同发展道路；中国将始终做国际秩序的维护者，坚持走合作发展的道路。在这次演讲中，习近平主席强调，中国是第一个在联合国宪章上签字的国家，将继续维护以联合国宪章宗旨和原则为核心的国际秩序和国际体系。中国在联合国的一票永远属于发展中国家。

公平正义是人类社会的永恒追求，是构建人类命运共同体的崇高目标。当今世界，公平正义还远远没有实现。世界的命运必须由各国人民共同掌握，世界上的事情必须由各国共同商量着办。2017 年 1 月在联合国日内瓦总部，习近平主席在《共同构建人类命运共同体》的演讲中明确提出："中国方案是：构建人类命运共同体，实现共赢共享。"当今世界充满不确定性，人们对未来既寄予期待又感到困惑。世界怎么了、我们怎么办？这是整个世界都在思考的问题。回答这个问题，首先要弄清楚一个最基本的问题，就是我们从哪里来、现在在哪里、将到哪里去？让和平的薪火代代相传，让发展的动力源源不断，让文明的光芒熠熠生辉，是各国人民的期待，也是我们这一代政治家应有的担当。中国方案是：构建人类命运共同体，实现共赢共享。国际社会要从伙伴关系、安全格局、经济发展、文明交流、生态建设等方面作出努力。提出坚持对话协商，建设一个持久和平的世界；坚持共建共享，建设一个普遍安全的世界；坚持合作共赢，建设一个共同繁荣的世界；坚持交流互鉴，建设一个开放包容的世界；坚持绿色低碳，建设一个清洁美丽的世界。

推动构建人类命运共同体理念，汲取中华优秀传统文化精髓，继承人类社会发展优秀成果，揭示了世界各国相互依存和人类命运紧密相连的客观规律，反映了中外优秀文化和全人类共同价值追求，找到了人类共建美好世界的最大公约数。习近平主席特别指出："中国在国际上磊落坦荡。中国人民不仅要自己过上好日子，还追求天下大同。我提出共建'一带一路'倡议，体现的就是'和合共生'、互利共赢的思想，也和联合国可持续发展理念相契合。"①推动构建人类命运共同体，不是倡导每个国家必须遵循统一的价值标准，不是推进一种或少数文明的单方主张，也不是谋求在全球范围内建设统一的行为体，更不是一种制度替代另一种制度、一种文明替代另一种文明，而是主张不同社会制度、不同意识形态、不同历史文明、不同发展水平的国家，在国际活动中目标一致、利益共生、权利共享、责任共担，从而促进人类社会整体发展。

推动构建人类命运共同体理念，内涵丰富，体系完整。政治上，倡导相互尊重、平等协商，坚决摒弃冷战思维和强权政治，走对话而不对抗、结伴而不结盟的国与国交往新路；安全上，倡导坚持以对话解决争端、以协商化解分歧，统筹应对传统和非传统安全威胁，反对一切形式的恐怖主义；经济上，倡导同舟共济，促进贸易和投资自由化便利化，推动经济全球化朝着更加开放、包容、普惠、平衡、共赢的方向发展；文化上，倡导尊重世界文明

① 《习近平会见联合国秘书长古特雷斯》，《人民日报》2019年4月27日。

多样性，以文明交流超越文明隔阂、文明互鉴超越文明冲突、文明共存超越文明优越；生态上，倡导坚持环境友好，合作应对气候变化，保护好人类赖以生存的地球家园。

推动构建人类命运共同体理念越来越成为国际社会的普遍共识。2018年7月26日，南非总统拉马福萨在约翰内斯堡金砖会晤上发言时提出，金砖第二个“金色十年”将共同走向人类命运共同体更加光明的未来。推动构建人类命运共同体理念已经载入联大决议等多个国际文件。2017年2月10日，联合国社会发展委员会第五十五届会议协商一致通过“非洲发展新伙伴关系的社会层面”决议，呼吁国际社会本着合作共赢和构建人类命运共同体的精神，加强对非洲经济社会发展的支持。这是“构建人类命运共同体”理念首次写入联合国决议。2021年12月6日，第76届联合国大会全会高票通过裁军与国际安全委员会提出的“不首先在外空部署武器决议”。决议序言强调，应达成防止外空军备竞赛条约，努力构建人类命运共同体，这是联大决议连续第五年写入“人类命运共同体”理念。2022年11月1日和3日，联合国大会裁军与国际安全委员会先后表决通过“防止外空军备竞赛的进一步切实措施”“不首先在外空放置武器”“从国际安全角度看信息和电信领域的发展”三项决议，中国提出的人类命运共同体理念均写入其中。这是人类命运共同体理念连续六年写入联大决议。

二、共建共享：“一带一路”是人类命运共同体实践平台

2013年9月，习近平主席在哈萨克斯坦纳扎尔巴耶夫大学演讲中，从中国汉代的张骞开辟丝绸之路讲起，一项体现东方智慧的共同繁荣发展方案呈现在国际社会面前：“为了使我们欧亚各国经济联系更加紧密、相互合作更加深入、发展空间更加广阔，我们可以用创新的合作模式，共同建设‘丝绸之

路经济带'"。①此后不到一个月，习近平主席在印度尼西亚国会的演讲中第一次提出共同建设"21世纪海上丝绸之路"，同时倡议筹建亚洲基础设施投资银行。2013年11月，"推进丝绸之路经济带、海上丝绸之路建设，形成全方位开放新格局"，写入党的十八届三中全会审议通过的《中共中央关于全面深化改革若干重大问题的决定》。2014年6月，在中国—阿拉伯国家合作论坛第六届部长级会议上，习近平主席首次正式使用"一带一路"的提法，并首次对丝绸之路精神和"一带一路"建设应该坚持的原则作出系统阐述。

为什么共建"一带一路"受到国际社会的欢迎？建设更加美好的世界，是各国人民的共同愿望。"一带一路"倡议是构建人类命运共同体的实践平台，是促进世界和平与发展的"船"和"桥"。"一带一路"是大家携手前进的阳光大道，不是某一方的私家小路。所有感兴趣的国家都可以加入进来，共同参与、共同合作、共同受益。共建"一带一路"追求的是发展，崇尚的是共赢，传递的是希望。

构建人类命运共同体，关键在行动。共建"一带一路"倡议以共商共建共享为原则，以和平合作、开放包容、互学互鉴、互利共赢的丝绸之路精神为指引，以政策沟通、设施联通、贸易畅通、资金融通、民心相通为重点，已经从理念转化为行动，从愿景转化为现实，从倡议转化为全球广受欢迎的公共产品。共商是基础，共建是过程，共享是目的。中国提出推动构建人类命运共同体、共建"一带一路"的倡议，载入联合国多项决议，得到国际社会广泛认同和积极响应。2016年11月，联合国通过决议，欢迎共建"一带一路"等经济合作倡议。2017年3月，联合国安理会决议中呼吁各国推进"一带一路"建设，构建人类命运共同体。共建"一带一路"已成为有关各国实

① 习近平：《弘扬人民友谊　共创美好未来——在纳扎尔巴耶夫大学的演讲》，《人民日报》2013年9月8日。

现共同发展的巨大合作平台。

根据《新时代的中国与世界》白皮书的数据：在政策沟通方面，“一带一路”倡议提出以来，得到160多个国家（地区）和国际组织积极响应。根据中国“一带一路”网的统计，截至2023年1月6日，中国已经同151个国家和32个国际组织签署200余份共建“一带一路”合作文件。①

在设施联通方面，六大经济走廊是“一带一路”的战略支柱和区域经济合作网络的重要框架，包括中蒙俄、新亚欧大陆桥、中国—中亚—西亚、中国—中南半岛、中巴和孟中印缅经济走廊。8年多来，六大经济走廊建设亮点纷呈，为建立和加强各国互联互通伙伴关系、畅通亚欧大市场发挥了重要作用。新亚欧大陆桥、中蒙俄、中国—中亚—西亚经济走廊经过亚欧大陆中东部地区，不仅将充满经济活力的东亚经济圈与发达的欧洲经济圈联系在一起，更畅通了连接波斯湾、地中海和波罗的海的合作通道。中国—中南半岛、中巴和孟中印缅经济走廊经过亚洲东南部这一全球人口最稠密地区，连接沿线主要城市和人口、产业集聚区。中巴经济走廊是共建“一带一路”的旗舰项目，建设起步早、进展快，第一阶段的22个优先项目已基本完成。根据巴基斯坦计划委员会不完全统计，中巴经济走廊第一阶段早期收获项目已创造约3.8万个工作岗位，75%以上为当地就业，其中能源项目吸纳1.6万名巴方工人和工程师就业，交通基础设施建设创造约1.3万个工作岗位。自2021年起，中巴经济走廊顺利进入第二阶段的建设，双方合作的项目寻求多领域、多方向布局。②

① 《已同中国签订共建“一带一路”合作文件的国家一览》，2022年1月22日，见https://www.yidaiyilu.gov.cn/xwzx/roll/77298.htm。

② 国家统计局：《“一带一路”建设成果丰硕　推动全面对外开放格局形成——党的十八大以来经济社会发展成就系列报告之十七》，2022年10月9日，见http://www.stats.gov.cn/xxgk/jd/sjjd2020/202210/t20221009_1889044.html。

2021年12月3日，连接中国昆明和老挝万象、采用中国标准的中老铁路全线开通运营。线路全长1035公里，北起中国云南省昆明市，向南经中国玉溪、普洱、磨憨边境口岸，再经老挝磨丁边境口岸，最终到达老挝首都万象。作为中老友谊标志性工程，中老铁路将为加快建成中老经济走廊、构建中老命运共同体提供有力支撑，也使老挝这样一个内陆国家从“陆锁国”成为“陆联国”，开通后运输时间大幅压缩，给老挝国内及老挝与共建国家关系带来巨大变化。老挝驻华大使坎葆·恩塔万接受《21世纪经济报道》采访时表示，中老铁路正式通车极具战略意义，对于实现老中互联互通和贸易便利化起到极大的推动作用，也能为其他国家出口产品到中国提供便利。在不久的将来，中老铁路将与中欧班列实现对接，为促进全球贸易复苏发挥作用，还将对本地区产能合作的重新分配起到重要作用。共建“一带一路”的红利是实实在在的。孟加拉国帕德玛大桥的建成，为其带来每年1.5%的GDP增长，受益人口超过8000万；巴基斯坦卡洛特水电站的运转，预计每年可节约标准煤约140万吨，减少二氧化碳排放350万吨，满足500万人的用电需求；截至2022年7月，中欧班列累计开行超过5.7万列，通达欧洲24个国家的196个城市，带动中欧贸易双向、持续增长。①

贸易畅通是共建“一带一路”的着力点，是推动各国经济持续发展的重要力量。“一带一路”倡议提出以来，我国与“一带一路”共建国家贸易往来日益密切，已成为25个共建国家最大的贸易伙伴。辐射“一带一路”的自由贸易区网络加快建设，我国与13个共建国家签署7个自贸协定，与欧盟、新加坡等31个经济体签署了“经认证的经营者（AEO）”互认协议。2013—2021年，中国与“一带一路”共建国家进出口总值由6.5万亿元增长至11.6万亿元，年均增长7.5%，高于同期整体货物贸易年均增速；占同期

① 《以共建“一带一路”助益开放繁荣的美好未来》，《光明日报》2023年1月13日。

我国外贸总值的比重由25%提升至29.7%。此外，“丝路电商”成为拓展经贸合作的新亮点和新引擎。截至2020年末，我国已与16个国家签署“数字丝绸之路”合作谅解备忘录，与22个国家建立“丝路电商”双边合作机制，共同开展政策沟通、规划对接、产业促进、地方合作、能力建设等多层次多领域的合作，着力培育贸易投资新增长点。在合作机制的扎实推进下，双向投资及合作总体保持稳定增长。2013—2021年，我国对共建国家直接投资累计1613亿美元，年均增长5.4%，“一带一路”共建国家已成为我国企业对外投资的首选地；共建国家在华投资设立企业3.2万家，实际累计投资712亿美元；我国在共建国家承包工程新签合同额累计约1.1万亿美元，完成营业额7286亿美元，涵盖交通、电力等多个领域。截至2021年末，境外经贸合作区分布在46个国家，累计投资507亿美元，上缴东道国税费66亿美元，为当地创造39.2万个就业岗位。①2017年首届“一带一路”国际合作高峰论坛至2019年9月，中国与共建国家签署100多项海关检验检疫文件，建立了40多个海关检验检疫合作机制。共建“一带一路”倡议提出七周年之际，商务部国际贸易经济合作研究院发布的《中国“一带一路”贸易投资发展报告2020》显示，2019年，中国与“一带一路”共建国家服务进出口总额1178.8亿美元，其中出口380.6亿美元，进口798.2亿美元。②截至2022年8月底，中国与“一带一路”共建国家货物贸易额累计约12万亿美元。③

资金融通是共建“一带一路”的重要支撑和保障。我国积极与共建国

---

① 国家统计局：《“一带一路”建设成果丰硕　推动全面对外开放格局形成——党的十八大以来经济社会发展成就系列报告之十七》，2022年10月9日，见http://www.stats.gov.cn/xxgk/jd/sjjd2020/202210/t20221009_1889044.html。

② 姚进：《7年来中国与“一带一路”沿线国家货物贸易进出口总额增至1.34万亿美元》，《经济日报》2020年9月7日。

③ 《以共建“一带一路”助益开放繁荣的美好未来》，《光明日报》2023年1月13日。

家开展金融合作，推动建立多层次的金融服务体系，为“一带一路”建设提供多元化的金融支持和服务。包括我国在内的29个国家财政部门共同核准了《“一带一路”融资指导原则》，推动共建国家、国际组织、金融机构、投资者共同参与，建设长期、稳定、可持续、风险可控的多元化融资体系。我国与国际货币基金组织建立联合能力建设中心，为共建“一带一路”国家优化宏观经济金融框架提供智力支持；与世界银行、亚洲基础设施投资银行、亚洲开发银行等共同成立多边开发融资合作中心，推动国际金融机构及相关发展伙伴基础设施互联互通。截至2021年10月，亚投行成员数量由启动运营时的57个增至104个，成员数量仅次于世界银行，覆盖亚洲、欧洲、非洲、北美洲、南美洲、大洋洲六大洲。截至2021年末，亚投行已批准158个项目，累计投资总额达319.7亿美元。截至2020年末，丝路基金签约以股权投资为主的各类项目49个，覆盖“一带一路”沿线多个国家，70%的签约资金运用于电力电站开发、基础设施建设、港口航运、高端制造业等大型国际合作项目。中国人民银行与世界银行集团国际金融公司、欧洲复兴开发银行和非洲开发银行等开展联合融资，截至2019年第一季度，已累计投资近200个项目，覆盖70多个国家和地区。① 截至2019年9月，据商务部的数据，中国企业对共建国家的投资累计已超过1000亿美元，共建国家对中国的投资也达到480亿美元。中国在共建国家的重大项目和园区建设稳步推进。中马友谊大桥、亚吉铁路、瓜达尔港等一大批重大项目落地，中国在共建国家推进建设了一批境外经贸合作区，累计投资300多亿美元，为当地创造就业岗位达到30多万个。中国已与37个国家建立双边投资合作工作组，与5个国家建立贸易畅通工作组，与19个国家建立电子商务工作机制，与14个国家签署了第三方

① 国务院新闻办公室：《新时代的中国与世界》，人民出版社2019年版。

市场的合作协议。① 截至 2022 年 8 月底，对后者非金融类直接投资超过 1400 亿美元。②

民心相通是共建“一带一路”的根基和关键。近年来，各国在文化、教育、旅游、科技创新等方面合作上开展形式多样的民心相通项目，“一带一路”民意基础不断巩固。中国与数十个“一带一路”共建国家达成简化签证协定手续或安排。“一带一路”倡议提出后，我国制定了《推进共建“一带一路”教育行动》，截至 2019 年末，我国已与 24 个“一带一路”共建国家签署高等教育学历学位互认协议，共计 60 所高校在 23 个共建国家开展境外办学，16 所高校与共建国家高校建立了 17 个教育部国际合作联合实验室。同时，以“一带一路”为主题的文化活动明显增多，品牌化趋势明显，不断推动中外文化交流继续向全方位、深层次发展。自 2017 年共建“一带一路”科技创新行动计划启动以来，我国与共建“一带一路”国家在科技人文交流、共建联合实验室、科技园区合作、技术转移等方面开展合作，截至 2021 年末，我国与 84 个共建国家建立科技合作关系，支持联合研究项目 1118 项，累计投入 29.9 亿元，在农业、新能源、卫生健康等领域启动建设 53 家联合实验室。依托共建“一带一路”平台，我国提供各种专业技能培训，涵盖减贫、农业等多个领域。③ 据世界银行研究报告，“一带一路”倡议将使相关国家 760 万人摆脱极端贫困、3200 万摆脱中度贫困，将使参与国贸易增长 2.8% 至 9.7%、全球贸易增长 1.7% 至 6.2%、全球收入

---

① 新华社：《中国企业对“一带一路”沿线国家投资累计超 1000 亿美元》，2019 年 9 月 29 日，见 http://m.news.cn/2019-09/29/c_1125057885.htm。

② 光明日报：《以共建“一带一路”助益开放繁荣的美好未来》，2023 年 1 月 13 日，见 https://news.gmw.cn/2023-01/13/content_36298865.htm。

③ 国家统计局：《“一带一路”建设成果丰硕　推动全面对外开放格局形成——党的十八大以来经济社会发展成就系列报告之十七》，2022 年 10 月 9 日，见 http://www.stats.gov.cn/xxgk/jd/sjjd2020/202210/t20221009_1889044.html。

增加 0.7% 至 2.9%。①

共建“一带一路”是全球性倡议，是人类命运共同体的重要实践平台，不仅对所有国家开放，成果与收益也与全世界共享。“第三方市场合作是中国在‘一带一路’建设中倡导的国际共享模式，将中国的优势产能、发达国家的先进技术和发展中国家的发展需求有效对接，在优势互补的基础上，共同在第三方市场开展经济合作。近年来，中国先后同法国、日本、意大利、英国等 14 个国家达成第三方市场合作共识，积极搭建‘1+1+1>3’的共赢模式，合作领域涵盖基础设施、健康医疗、国际物流、金融服务以及能源开发等。”②

推动构建人类命运共同体的倡议和实践，得到了国际社会的认同和高度评价。联合国贸发会议前秘书长素帕猜说：“人类命运共同体理念深刻阐释了联合国和平与安全、合作与发展的宗旨原则。今天的世界充满不确定性，我们必须共同努力、互相帮助、共创和平与稳定。”俄罗斯驻华大使安德烈·杰尼索夫认为：“中方提出构建人类命运共同体倡议，为世界应对危机提供了中国智慧，中国在联合国各个领域都表现积极，扮演了重要的角色。作为可持续发展的领导者之一，联合国和世界需要中国继续发挥领导力。”联合国亚太经社理事会执行秘书阿利斯夏巴纳认为：“世界各国紧密相连，中国提出的‘一带一路’倡议和构建人类命运共同体让各国实现具有强大韧性和包容性的互利合作。”③

---

① 世界银行：《“一带一路”经济学：交通走廊发展机遇与风险》（*Belt and Road Economics: Opportunities and Risks of Transport Corridors*），2019 年 6 月。

② 光明日报：《以共建“一带一路”助益开放繁荣的美好未来》，2023 年 1 月 13 日，见 https://news.gmw.cn/2023-01/13/content_36298865.htm。

③ 中央广播电视总台：《“世界怎么了，我们怎么办” 总书记指明了方向》，2021 年 10 月 25 日，见 https://baijiahao.baidu.com/s?id=1714564463724762305&wfr=spider&for=pc。

第二节　中国行动：为人类社会提供国际公共产品

中国共产党是有远大抱负的政党，这种抱负不是称霸世界，而是贡献世界。中国人是讲爱国主义的，同时也具有国际视野和国际胸怀。在风云变幻的世界舞台上，中国共产党和中国政府既坚定地保持自信，也秉持谦虚态度和伙伴精神与其他政党和国家相处。中国共产党始终坚信，大党之大、大国之大，不在于体量大、块头大、拳头大，而在于胸襟大、格局大、担当大。中国共产党始终坚信，和平而不是战争、合作而不是霸道、对话而不是对抗、开放而不是封闭，才是人间正道，才能赢得未来。中国共产党正不懈奋斗，为增进人类福祉作出新贡献。随着国力不断增强，中国将在力所能及范围内承担更多国际责任和义务，为人类和平与发展作出更大贡献。作为履行大国责任、展示大国担当、作出大国贡献的体现之一，中国不仅使共建“一带一路”成为当今世界深受欢迎的国际公共产品和国际合作平台，还提供越来越多的国际公共产品和公共安全产品。

一、中国提出全球发展倡议、全球安全倡议

中国履行大国责任的重要体现，首先在于身体力行和积极促进世界和平发展的行动上。面对充满危机的世界，中国主张，国家不论大小、强弱、贫富，在国际关系中都是平等的；大国要有大国的样子，要以人类前途命运为要，对世界和平与发展担负更大责任，而不是依仗实力搞唯我独尊、霸凌霸道；世界的命运必须由各国人民共同掌握，各国和各国人民应该共同享受尊严、共同享受发展成果、共同享受安全保障。中国为维护世界和平贡献智慧

和力量。从和平共处五项原则，独立自主的、不结盟的和平外交政策，到建设持久和平、共同繁荣的和谐世界，再到构建人类命运共同体、构建新型国际关系、共建“一带一路”等重要理念、重要倡议，中国为维护世界和平积极贡献中国智慧、中国方案。

面对严重的全球和平赤字、发展赤字、安全赤字、治理赤字，2021 年和 2022 年，习近平主席从人类如何维护和平、促进发展出发，先后提出了全球发展倡议和全球安全倡议。中国提出的全球发展倡议和全球安全倡议，是一个有机整体，为全球应对发展和安全挑战提供了公共产品，也体现中国致力于推动各国践行真正的多边主义，坚持共同、综合、合作、可持续的安全观，把发展置于国际议程中心位置、促进发展权并消除发展障碍的愿景、努力和行动。

发展是实现人民幸福的关键。在第 76 届联合国大会一般性辩论上，习近平主席指出，世界进入新的动荡变革期。每一个负责任的政治家都必须以信心、勇气、担当，回答时代课题，作出历史抉择。我们要共同推动全球发展迈向平衡协调包容新阶段。为此，习近平主席郑重向国际社会提出全球发展倡议，即坚持发展优先、坚持以人民为中心、坚持普惠包容、坚持创新驱动、坚持人与自然和谐共生、坚持行动导向。① 习近平主席在亚太经合组织第二十八次领导人非正式会议上阐述了基于人类共同利益提出全球发展倡议的深层考虑：“我在联合国大会上提出全球发展倡议，旨在推动全球发展迈向平衡协调包容新阶段”。2021 年 10 月，在第二届联合国全球可持续交通大会开幕式上，习近平主席再次强调：“不久前，我提出了全球发展倡议，旨在加快落实联合国 2030 年可持续发展议程，推动实现更加强劲、绿色、

① 习近平：《坚定信心　共克时艰　共建更加美好的世界——在第七十六届联合国大会一般性辩论上的讲话》，《人民日报》2021 年 9 月 22 日。

健康的全球发展，构建全球发展命运共同体，希望各方积极参与。”2022年11月，在二十国集团领导人第十七次峰会第一阶段会议上，习近平主席再次强调，“提出全球发展倡议，就是着眼全球共同发展的长远目标和现实需要，凝聚促进发展的国际共识，培育全球发展新动能，推动世界各国共同发展进步”。①

2021年中国外交部发布的《中国联合国合作立场文件》阐述了50年来中国大力促进全球发展的历程，进一步阐述了全球发展倡议的意义：“习近平主席在第76届联大一般性辩论期间提出全球发展倡议，推动国际社会加快落实2030年可持续发展议程，实现更加强劲、绿色、健康的全球发展。倡议秉持以人民为中心的核心理念，将增进人民福祉、实现人的全面发展作为出发点和落脚点，把各国人民对美好生活的向往作为努力目标，紧紧抓住发展这个解决一切问题的总钥匙，全力破解发展难题、创造更多发展机遇，努力实现不让任何一国、任何一人掉队的目标。倡议遵循务实合作的行动指南，把握全球发展脉搏和迫切需求，把减贫、粮食安全、抗疫和疫苗、发展筹资、气候变化和绿色发展、工业化、数字经济、互联互通等作为重点合作领域，提出合作设想和方案，将发展共识转化为务实行动。全球发展倡议是中国为国际社会提供的重要公共产品和合作平台。”并强调：“中国将继续做全球发展的贡献者。中国将与各国一道，推动落实全球发展倡议，坚持发展优先，坚持以人民为中心，坚持普惠包容，坚持创新驱动，坚持人与自然和谐共生，坚持行动导向，推动多边发展合作协同增效，构建全球发展命运共同体。”②

全球发展倡议是体现着中国经验、中国智慧的中国方案，是蕴含着中国

---

① 习近平：《共迎时代挑战，共建美好未来——在二十国集团领导人第十七次峰会第一阶段会议上的讲话》，《人民日报》2022年11月16日。

② 中华人民共和国外交部：《中国联合国合作立场文件》，《人民日报》2021年10月23日。

全面建成小康社会宝贵经验的全球化表达。习近平主席在讲话中向全球倡议：坚持发展优先。将发展置于全球宏观政策框架的突出位置，加强主要经济体政策协调，保持连续性、稳定性、可持续性，构建更加平等均衡的全球发展伙伴关系，推动多边发展合作进程协同增效。坚持以人民为中心。在发展中保障和改善民生，保护和促进人权，做到发展为了人民、发展依靠人民、发展成果由人民共享，不断增强民众的幸福感、获得感、安全感，实现人的全面发展。坚持普惠包容。关注发展中国家特殊需求，通过缓债、发展援助等方式支持发展中国家尤其是困难特别大的脆弱国家，着力解决国家间和各国内部发展不平衡、不充分问题。坚持创新驱动。抓住新一轮科技革命和产业变革的历史性机遇，加速科技成果向现实生产力转化，打造开放、公平、公正、非歧视的科技发展环境，挖掘疫后经济增长新动能，携手实现跨越发展。坚持人与自然和谐共生。完善全球环境治理，积极应对气候变化，构建人与自然生命共同体。加快绿色低碳转型，实现绿色复苏发展。坚持行动导向。加大发展资源投入，重点推进减贫、粮食安全、抗疫和疫苗、发展筹资、气候变化和绿色发展、工业化、数字经济、互联互通等领域合作，加快落实联合国2030年可持续发展议程，构建全球发展命运共同体。

在阐述全球发展倡议的同时，中国展现了为全球发展作出新贡献的行动计划。在第七十六届联合国大会一般性辩论上的讲话中，习近平主席宣布："中国将力争2030年前实现碳达峰、2060年前实现碳中和，这需要付出艰苦努力，但我们会全力以赴。中国将大力支持发展中国家能源绿色低碳发展，不再新建境外煤电项目。""中国已宣布未来3年内再提供30亿美元国际援助，用于支持发展中国家抗疫和恢复经济社会发展。"全球发展倡议提出仅仅一年，"全球发展倡议之友小组"成员已逾60国。中国创设全球发展和南南合作基金，并将加大对中国—联合国和平与发展基金投入，制定务实合作清单，设立开放式项目库，明确倡议推进路线图，同100多个国家和国际组织推进全球发展倡议，为落实联合国 2030 年可持续发展议程提供新助力。

面对大国博弈、集团对抗不断升级，霸权主义、强权政治威胁上升，安全问题的联动性、跨国性、多样性更加突出，国际安全风险系数增大的复杂世界安全形势；面对“世界需要什么样的安全理念、各国怎样实现共同安全”的时代课题，2022 年 4 月，在博鳌亚洲论坛 2022 年年会开幕式发表主旨演讲时，习近平主席提出了全球安全倡议。中国提出的全球安全倡议，是破解全球和平赤字、发展赤字、安全赤字、治理赤字的重要公共产品，是人类命运共同体理念在安全领域的体现。中国“提出全球安全倡议，目的是同大家一道，弘扬联合国宪章精神，本着安全不可分割原则，坚持共同、综合、合作、可持续的安全观，倡导通过谈判消弭冲突，通过协商化解争端，支持一切有利于和平解决危机的努力”。①

在博鳌亚洲论坛 2022 年年会开幕式发表主旨演讲时，习近平主席阐述了全球安全倡议的主要内容：“要坚持共同、综合、合作、可持续的安全观，共同维护世界和平和安全；坚持尊重各国主权、领土完整，不干涉别国内政，尊重各国人民自主选择的发展道路和社会制度；坚持遵守联合国宪章宗旨和原则，摒弃冷战思维，反对单边主义，不搞集团政治和阵营对抗；坚持重视各国合理安全关切，秉持安全不可分割原则，构建均衡、有效、可持续的安全架构，反对把本国安全建立在他国不安全的基础之上；坚持通过对话协商以和平方式解决国家间的分歧和争端，支持一切有利于和平解决危机的努力，不能搞双重标准，反对滥用单边制裁和‘长臂管辖’；坚持统筹维护传统领域和非传统领域安全，共同应对地区争端和恐怖主义、气候变化、网

① 习近平：《共迎时代挑战，共建美好未来——在二十国集团领导人第十七次峰会第一阶段会议上的讲话》，《人民日报》2022 年 11 月 16 日。

络安全、生物安全等全球性问题。”①

全球发展离不开和平稳定的国际环境。安全是发展的前提，人类是不可分割的安全共同体。和平与发展是人类的共同事业。习近平主席就全球安全问题多次向国际社会阐述中国主张。2014 年在上海亚信峰会上提出积极倡导共同、综合、合作、可持续的亚洲安全观；2017 年在联合国日内瓦总部的主旨演讲中强调坚持共建共享，建设一个普遍安全的世界；2017 年在国际刑警组织第八十六届全体大会开幕式上提出共同、综合、合作、可持续的全球安全观；2020 年在上海合作组织成员国元首理事会第二十次会议上指出要构建安全共同体。2022 年 11 月在会见德国总理朔尔茨时，习近平提出了“四个共同”的重要原则：“当前形势下，国际社会应该共同支持一切致力于和平解决乌克兰危机的努力，呼吁有关各方保持理性和克制，尽快开展直接接触，为重启谈判创造条件；共同反对使用或威胁使用核武器，倡导核武器用不得、核战争打不得，防止亚欧大陆出现核危机；共同努力确保全球产业链供应链稳定，防止国际能源、粮食、金融等合作受到干扰，损害全球经济复苏特别是发展中国家经济财政稳定；共同为危机地区的平民过冬纾困，改善人道主义状况，防止出现更大规模人道主义危机。”2023 年 2 月，外交部公布《关于政治解决乌克兰危机的中国立场》，提出尊重各国主权、摒弃冷战思维、停火止战、启动和谈、解决人道危机、保护平民和战俘、维护核电站安全、减少战略风险、保障粮食外运、停止单边制裁、确保产业链供应链稳定、推动战后重建等 12 方面主张，全面系统阐释了中方基本立场，为解决危机提出全面、综合、可行的方案，彰显了中国作为世界和平维护者的负责任大国担当。这一引起世界广泛关注的重要文件，既重申了中国的一贯主

① 新华社：《习近平提出全球安全倡议》，2022 年 4 月 21 日，见 http://www.gov.cn/xinwen/2022-04/21/content_5686416.htm。

张，也注意吸纳国际社会理性观点，既明确了重大原则前提，也标注了走出危机的清晰路径，得到当事方在内的国际社会广泛认同。联合国认为，中方立场文件“对解决乌克兰危机十分重要”，是“一项重要贡献”。①

全球安全倡议从人类共同福祉出发，用对话合作取代零和博弈，用开放包容取代封闭排他，用交流互鉴取代唯我独尊，用共同利益、共同挑战、共同责任把各国前途命运联系起来，致力于实现共享尊严、共享发展成果、共享安全保障，推动构建安全共同体。中国提出的全球安全倡议致力于为消除国际冲突根源提供新途径，以推动建立平衡、有效、可持续的安全架构，实现持久稳定和安全。

为响应习近平主席关于中国支持沙特同伊朗发展睦邻友好关系的积极倡议，2023 年 3 月 6 日至 10 日，沙特国务大臣兼国家安全顾问艾班和伊朗最高国家安全委员会秘书沙姆哈尼分别率两国代表团在北京举行对话。中共中央政治局委员、中央外事工作委员会办公室主任王毅分别同沙特、伊朗双方会谈，并主持对话开、闭幕式。3 月 10 日，外交部网站公布《中华人民共和国、沙特阿拉伯王国、伊朗伊斯兰共和国三方联合声明》，宣布“三国宣布，沙特和伊朗达成一份协议，包括同意恢复双方外交关系”。2023 年 3 月 11 日，《外交部发言人就沙特和伊朗北京对话答记者问》中说：“中沙伊三方达成协议，并发表联合声明。沙伊双方表示愿恪守《联合国宪章》宗旨和原则，通过对话和外交方式解决双方分歧，尊重各国主权，不干涉别国内政。沙伊同意恢复外交关系，开展各领域合作。三方愿尽一切努力，加强国际地区和平与安全。沙伊赞赏并感谢中方承办和支持此次对话并推动其取得

---

① 《关于政治解决乌克兰危机的中国立场》，2023 年 2 月 24 日，见 https://www.mfa.gov.cn/zyxw/202302/t20230224_11030707.shtml。新华社：《推动乌克兰危机政治解决的中国担当》，2023 年 3 月 3 日，见 https://baijiahao.baidu.com/s?id=1759399727352886934&wfr=spider&for=pc。

成功。中方期待沙伊双方加强沟通对话，愿继续为此发挥积极和建设性作用。”“在各方共同努力下，此次沙伊在北京的对话取得重大成果。沙伊双方明确了改善关系的路线图和时间表，为双方后续合作打下坚实基础，翻开沙伊关系新的一页。沙伊开展对话并达成协议，为地区国家通过对话协商化解矛盾分歧、实现睦邻友好树立了典范，有利于地区国家摆脱外部干涉，把前途命运掌握在自己手里。沙伊双方再次强调恪守《联合国宪章》宗旨和原则及不干涉内政等国际关系基本准则，顺应时代发展潮流。中方对此表示高度赞赏和祝贺。”①这份声明有力地证明了中国所提出的全球安全倡议所产生的现实而深远的影响，以及中国智慧在国际舞台中的历史性作用。

党的二十大报告再次向国际社会宣示：“中国提出了全球发展倡议、全球安全倡议，愿同国际社会一道努力落实。”并强调：“中国坚持对话协商，推动建设一个持久和平的世界；坚持共建共享，推动建设一个普遍安全的世界；坚持合作共赢，推动建设一个共同繁荣的世界；坚持交流互鉴，推动建设一个开放包容的世界；坚持绿色低碳，推动建设一个清洁美丽的世界。”

二、提供促进发展与安全的国际公共产品

当今世界，人类日益成为利益交融、安危与共的命运共同体。中国不仅提出全球发展倡议、全球安全倡议，积极参与全球安全规则制定，加强国际安全合作；而且坚持履行国际责任和义务，始终高举合作共赢的旗帜，积极参与联合国维和行动，为维护世界和平和地区稳定发挥建设性作用。在力所

① 《中华人民共和国、沙特阿拉伯王国、伊朗伊斯兰共和国三方联合声明》，2023 年 3 月 10 日，见 https://www.fmprc.gov.cn/zyxw/202303/t20230310_11039137.shtml。《外交部发言人就沙特和伊朗北京对话答记者问》，2023 年 3 月 11 日，见 https://www.fmprc.gov.cn/fyrbt_673021/202303/t20230311_11039283.shtml。

能及的范围内向国际社会提供更多国际公共产品。

中国提出共建“一带一路”倡议，是促进全球和平合作和共同发展的中国方案，得到国际社会热情响应和广泛参与。党的二十大新闻发言人说，“一带一路”已经成为广受欢迎的国际公共产品，成为推动构建人类命运共同体的重要实践平台。

共建“一带一路”倡议探索了促进共同发展的新路子，实现了共建国家互利共赢，为全球经济增长提供了新的驱动力。共建“一带一路”合作是所有国家不分大小、贫富，平等相待共同参与的合作；是公开、透明、开放，为世界和平与发展增添正能量的合作；是传承丝绸之路精神，追求互利共赢和优势互补的合作；是各国共商共建共享，共同打造全球经济治理新体系的合作；是推动要素高效流动和市场深度融合，实现多元、自主、平衡和可持续发展的合作；是推动地区发展，促进繁荣稳定，扩大文明对话和互学互鉴的合作。中国将自身发展形成的经验和基础，与各国的发展意愿和比较优势结合起来，以共建“一带一路”作为重要契机和合作平台，促进各国加强经济政策协调，提高互联互通水平，开展更大范围、更高水平、更深层次的双多边合作，共同打造开放、包容、均衡、普惠的新型合作架构。共建“一带一路”倡议以其平等包容的外在特征和契合实际的内在特点，体现了包括中国在内的“一带一路”沿线各国的共同利益。党的二十大新闻发言人介绍，截至2022年6月，一大批务实合作项目落地，为当地经济发展、民生改善作出实实在在的贡献。100多个国家参加两届“一带一路”国际合作高峰论坛，凝聚起共建“一带一路”、构建全球互联互通伙伴关系的广泛共识，勾画了高质量共建“一带一路”、实现各国共同发展繁荣的合作蓝图。

作为构建人类命运共同体的实践平台和国际公共产品，“一带一路”倡议是名副其实的资源共享、共同繁荣、共同发展之路，是面向未来的国际合作新共识，展现了中国梦与世界梦相互联通，各国携手打造人类命运共同体的美好愿景。这一倡议借用古丝绸之路的历史符号，融入了新的时代内涵，既是维护开放型世界经济体系，实现多元、自主、平衡和可持续发展的中国方案；也是深化区域合作，加强文明交流互鉴，维护世界和平稳定的中国主张；更体现了中国作为最大的发展中国家和世界第二大经济体，对推动国际经济治理体系朝着公平、公正、合理方向发展的责任担当。2015 年 3 月，中国政府公布《推动共建丝绸之路经济带和 21 世纪海上丝绸之路的愿景与行动》，提出了构建利益共同体、命运共同体和责任共同体。2017 年 5 月，中国政府发布《共建“一带一路”：理念、实践与中国的贡献》，以期增进国际社会对共建“一带一路”倡议的进一步了解，展示共建“一带一路”的丰富成果，增进各国战略互信和对话合作，为携手打造你中有我、我中有你的人类命运共同体作出新的更大贡献。

根据新形势下推进国际合作的需要，结合古代陆海丝绸之路的走向，共建“一带一路”顶层框架设计了五大方向：丝绸之路经济带有三大走向，一是从中国西北、东北经中亚、俄罗斯至欧洲、波罗的海；二是从中国西北经中亚、西亚至波斯湾、地中海；三是从中国西南经中南半岛至印度洋。21 世纪海上丝绸之路有两大走向，一是从中国沿海港口过南海，经马六甲海峡到印度洋，延伸至欧洲；二是从中国沿海港口过南海，向南太平洋延伸。根据上述五大方向，按照共建“一带一路”的合作重点和空间布局，中国提出了“六廊六路多国多港”的合作框架。“六廊”是指新亚欧大陆桥、中蒙俄、中国—中亚—西亚、中国—中南半岛、中巴和孟中印缅六大国际经济合作走廊。“六路”指铁路、公路、航运、航空、管道和空间综合信息网络，是基础设施互联互通的主要内容。“多国”是指一批先期合作国家。“一带一路”沿线有众多国家，中国既要与各国平等互利合作，也要结合实际与一些国家率先合作，争取有示范效应、体现“一带一路”理念的合作成果，吸引更多国家参与共建“一带一路”。“多港”是指若干保障海上运输大通道安全畅通的合作港口，通过与“一带一路”共建国家共建一批重要港口和节点城市，进一步繁荣海上合作。“六廊六路多国多港”是共建“一带一路”的主体框架，为各国参与“一带一路”合作提供了清晰的导向。

中国举办的“一带一路”国际合作高峰论坛，成为交流经验、促进合作的平台。“一带一路”国际合作高峰论坛是中国政府主办的高规格论坛活动，主要包括开幕式、圆桌峰会和高级别会议三个部分。第一届“一带一路”国际合作高峰论坛于 2017 年 5 月在北京举行，29 位外国元首、政府首脑及联合国秘书长、红十字国际委员会主席等 3 位重要国际组织负责人出席高峰论坛。2019 年 4 月，中国举办了第二届“一带一路”国际合作高峰论坛。共有来自 150 多个国家和 90 多个国际组织的近 5000 名外宾应约而来。

“一带一路”实践对促进构建人类命运共同体的意义在不断体现。在博鳌亚洲论坛 2021 年年会开幕式上，习近平主席告诉国际社会：“我们将建设更紧密的卫生合作伙伴关系。中国企业已经在印度尼西亚、巴西、阿联酋、马来西亚、巴基斯坦、土耳其等共建‘一带一路’伙伴国开展疫苗联合生产。我们将在传染病防控、公共卫生、传统医药等领域同各方拓展合作，共同护佑各国人民生命安全和身体健康。”“我们将建设更紧密的互联互通伙伴关系。中方将同各方携手，加强基础设施‘硬联通’以及规则标准‘软联通’，畅通贸易和投资合作渠道，积极发展丝路电商，共同开辟融合发展的光明前景。”“我们将建设更紧密的绿色发展伙伴关系。加强绿色基建、绿色能源、绿色金融等领域合作，完善‘一带一路’绿色发展国际联盟、‘一带一路’绿色投资原则等多边合作平台，让绿色切实成为共建‘一带一路’的底色。”“我们将建设更紧密的开放包容伙伴关系。”“我们将本着开放包容精神，同愿意参与的各相关方共同努力，把‘一带一路’建成‘减贫之路’、‘增长之路’，为人类走向共同繁荣作出积极贡献。”

海上护航是重要国际公共安全产品。根据联合国安理会有关决议，中国政府于2008年12月起派遣海军舰艇编队赴亚丁湾、索马里海域实施常态化护航行动，与多国护航力量进行合作，共同维护国际海上通道安全。至2018年的10年间，中国海军常态部署3至4艘舰艇执行护航任务，共派出31批100余艘次舰艇、2.6万余名官兵，为6600余艘中外船舶提供安全保护，解救、接护、救助遇险船舶70余艘。①2023年1月，中国海军第43批护航编队从广东湛江某军港解缆起航，赴亚丁湾、索马里海域，接替第42批护航编队执行护航任务。

中国军队在实施海上护航，维护海上战略通道安全的同时，还遂行海外撤侨、海上维权等行动。2015年3月，也门安全局势严重恶化，中国海军护航编队赴也门亚丁湾海域，首次直接靠泊交战区域港口，安全撤离621名中国公民和279名来自巴基斯坦、埃塞俄比亚、新加坡、意大利、波兰、德国、加拿大、英国、印度、日本等15个国家的公民。中国军队积极参加国际灾难救援和人道主义援助，派遣专业救援力量赴受灾国救援减灾，提供救援物资和医疗救助，加强救援减灾国际交流。2012—2018年，组织或参加马航MH370失联航班搜救、菲律宾“海燕”台风救援、抗击西非埃博拉疫情、马尔代夫水荒救援、尼泊尔抗震救灾、老挝水灾溃坝救援等多项行动。中国海军“和平方舟”号医院船服役14年来，执行10次“和谐使命”任务，共访问43个国家和地区，为其民众提供医疗服务，组织医学交流，惠及民众23万余人次。

2022年，中国分别派遣运–20大型运输机和海军舰艇给遭受火山喷发灾害的汤加送去了救灾物资。2021年12月，中国—太平洋岛国应急物资储备库在广州正式启用，以增强岛国应对自然灾害能力。2022年1月24日，由中国—太平洋岛国应急物资储备库提供的救援物资就开始在广州白云机场

① 国务院新闻办公室：《新时代的中国国防》，人民出版社2019年版。

附近仓库集结。2022 年 1 月 27 日，两架运 -20 军用运输机组成的空中运输编队携带着 33 吨救灾物资从广州白云机场起飞，前往汤加。经过一万多公里的飞行，北京时间 1 月 28 日早上 6 点半抵达汤加，这是首批从中国本土启运送往汤加的救灾物资。2 月 15 日，连续航行 5200 余海里后，赴汤加执行运送救灾物资任务的中国海军舰艇编队抵达汤加努库阿洛法港，运送的救灾物资共计 1400 余吨，主要包括移动板房、拖拉机、发电机、水泵、净水器及应急食品、医疗防疫器材等。

作为为国际社会提供的国际公共安全产品，中国积极开展国际和地区反恐合作。加强上海合作组织框架内的国际反恐合作，组织开展反恐联合演习，打击非法贩运武器、弹药和爆炸物品，合作查明和切断人员渗透渠道，推动国际反恐情报交流共享。主办以反恐为主题的“长城”国际论坛，积极参与亚太经合组织反恐工作组、全球反恐论坛等多边反恐机制。同有关国家举行双边反恐磋商。推动创建阿富汗、中国、巴基斯坦、塔吉克斯坦四国军队反恐合作协调机制，举行两届军队高级领导人会议，开展反恐交流合作，积极维护地区安全。

中国以实际行动维护世界和平，积极支持联合国维和行动。2022 年是中国派出首支成建制“蓝盔部队”参加联合国维和行动 30 周年。30 年来，中国共派出维和人员 5 万余人次，赴 20 多个国家和地区参加近 30 项联合国维和行动。中国是派遣维和人员最多的安理会常任理事国和联合国第二大维和摊款国，也是联合国维和行动的关键力量。在世界和平安宁最需要维护的地方，出现了越来越多中国维和官兵的身影。在饱受战火摧残的人们渴望安全和稳定时，中国维和官兵为他们送去了希望和温暖。正如联合国负责维和事务的副秘书长拉克鲁瓦所说的，“中国在联合国维和行动中发挥了重要作用，在维护世界和平上体现了大国担当”。在参加联合国维和行动的 30 多年中，中国军队派出维和官兵的数量和类型全面发展，从最初的军事观察员，发展到工兵分队、医疗分队、运输分队、直升机分队、警卫分队、步兵营等成建制部队以及参谋军官、军事观察员、合同制军官等维和军事专业人员。中国维和官兵的足迹遍布柬埔寨、刚果（金）、利比里亚、苏丹、黎巴嫩、塞浦路斯、南苏丹、马里、中非等20多个国家和地区，在推进和平解决争端、维护地区安全稳定、促进驻在国经济社会发展等方面作出了重要贡献。

中国军人在参加联合国维和行动中，独特的贡献是“播撒希望”。远赴海外的中国维和官兵积极协助开展人道主义救援，与国际人道主义机构携手，积极参与难民安置、救济粮发放、难民营修建和抢险救灾等行动；广泛参与战后重建，承担重要基础设施援建、协助监督选举、医护人员培训及环境保护等任务；传递温暖和爱心，用实际行动为遭受战火摧残的人民带去了和平、点亮了希望。

长期以来，中国对世界粮食、能源安全作出重要贡献。2022年，中方同印度尼西亚、塞尔维亚等6个伙伴国一道发起“构建稳定和富有韧性的产业链供应链国际合作倡议”，同多个国家一道倡导建立全球清洁能源合作伙伴关系，并在二十国集团提出国际粮食安全合作倡议。

中国既有维护世界和平的庄严承诺，更有维护世界和平的实际行动。新中国成立以来，中国没有主动挑起过任何一场战争和冲突，没有侵略过别国一寸土地。中国从拥有核武器的第一天起，就积极倡导全面禁止和彻底销毁核武器，始终恪守在任何时候和任何情况下都不首先使用核武器。中国承诺无条件不对无核武器国家和无核武器区使用或威胁使用核武器。改革开放以来，中国致力于促进世界和平，主动裁减军队员额400余万。始终不渝奉行防御性国防政策，坚持走中国特色强军之路，中国军队忠实践行人类命运共同体理念，积极履行大国军队国际责任，全面推进新时代国际军事合作，努力为建设持久和平、普遍安全的美好世界作出贡献。中国积极参与国际军控、裁军和防扩散进程，反对军备竞赛，维护全球战略平衡与稳定。中国积极参与重大国际和地区热点问题解决，根据事情本身的是非曲直作出公正判断，劝和促谈，维稳防乱，为维护国际和地区和平安宁发挥了建设性作用。

第三节　中国贡献：推动更具包容性开放合作

中国致力推动更具包容性的开放合作，兼顾当前利益和长远利益，兼顾自身利益和他国利益，推动世界经济实现再平衡，让发展成果惠及更多民众。中国欢迎其他国家搭乘中国发展的“快车”“便车”，帮助更多新兴市场国家和发展中国家更好融入全球产业链、供应链、价值链，共享经济全球化红利。中国向世界开放超大规模市场，举办世界上第一个以进口为主题的国家级展会。这都是中国不断为人类作出更大贡献的具体体现。

一、欢迎搭乘中国发展的“快车”“便车”

世界好，中国才能好；中国好，世界才更好。中国的发展是世界发展的重要组成部分，也成为世界的机遇。中国多次表示，欢迎其他国家搭乘中国发展的“快车”“便车”，帮助更多新兴市场国家和发展中国家更好融入全球产业链、供应链、价值链，共享经济全球化红利。2022 年 11 月 5 日发布的《世界开放报告 2022》显示，中国坚持高水平对外开放取得进展，开放指数从 2012 年的 0.7107 提升至 2020 年的 0.7507，提高了 5.6%，排名从第 47 位提升至第 39 位，成为推动经济全球化的重要力量。可以对比的数据是，从 2008 年到 2020 年，金砖国家开放指数增长 6.3%，“一带一路”经济体开放指数增长 5%。而 2020 年世界开放指数为 0.7491，比 2008 年下降了

4.1%。①

中国的发展，给各国各地区带来新的发展机遇。中国致力推动更具包容性的开放合作，国际社会对此评价积极。2017 年 10 月，国际货币基金组织（IMF）总裁拉加德在讲话中说："过去 30 多年，中国等国家开始更深度融入全球贸易体系，这一进程产生了深远影响。"之前十天，拉加德代表国际货币基金组织宣布，人民币将被国际社会承认，成为可自由使用的国际货币。一系列相关数据是很有证明力、说服力的。1978—2018 年，中国货物进出口总额增长 223 倍，服务贸易进出口总额增长超过 147 倍。截至 2018 年 11 月，中国与 230 多个国家和地区有贸易往来，与 25 个国家和地区达成了 17 个自贸协定，加入世界上几乎所有重要国际经济与金融组织和多边经济机制。世贸组织数据显示，2017 年，中国在全球货物贸易进口和出口总额中所占比重分别达到 10.2% 和 12.8%；2018 年，进口和出口占比分别达到 10.8% 和 12.8%。2001—2018 年年均增长 13.8%，货物第一大贸易国地位进一步巩固。2022 年 1 月，商务部公布，2021 年我国对外贸易总额达到 39.1 万亿元人民币，同比逆势暴涨 21.4%，进出口贸易额再次创下新高。其中，中国对外出口同比上涨了 21.2%，进口额也增长了 21.5%。在国际市场份额方面，中国前三季度出口额占全球 15%，进口额占全球 12.1%，也同步创下历史新高。而且，2021 年我国对外贸易规模接连跨越 5 万亿美元和 6 万亿美元两大关口。作为全球第三大经济体，目前，日本 GDP 规模约 5 万亿美元。

中国的发展与世界紧密相连。新中国成立初期就努力打破外部封锁，积极开展经贸、文化等领域对外交流。改革开放以来，中国积极顺应全球化潮

① 《世界开放报告 2022》由中国社会科学院世界经济与政治研究所和虹桥国际经济论坛研究中心遵循科学性、代表性和可持续性原则共同撰写，通过相关指标体系量化了经济、社会、文化等相关开放要素。

流，坚持对外开放基本国策，打开国门搞建设，拥抱世界、学习世界、贡献世界，与世界良好互动、共同发展。1978—2018 年，中国累计吸引非金融类外商直接投资 20343 亿美元，累计设立近 100 万家外商投资企业。2018 年，有 49.2 万余名外国留学人员来华学习。加入世界贸易组织后，中国参与经济全球化提质增速。2001—2018 年，中国货物贸易进口额从 2436 亿美元增至 21358 亿美元，年均增长 13.6%，高于全球平均水平 6.8 个百分点；服务贸易进口额从 393 亿美元增至 5250 亿美元，年均增长 16.5%，占全球服务贸易进口总额的 9.4%。分类解析中国对外贸易数据，可以发现中国在如何一步步走向高质量发展。2021 年，我国服务进出口总额达 52982.7 亿元，同比增长 16.1%。这一年，我国服务贸易逆差下降 69.5%，至 2112.8 亿元，同比减少 4816.5 亿元，为 2011 年以来的最低值。其中，知识密集型服务贸易稳定增长，同比增长 14.4%。此外，运输服务伴随货物贸易的高速增长大幅增长。2021 年，运输服务进出口 16821.5 亿元，增长 61.2%，成为服务贸易十二大领域中增长最快的领域。

中国的发展成为世界的机遇，还体现于中国在与世界的联系互动中共同发展。对外开放为中国带来了资金、先进技术和管理经验，同时中国的开放发展为其他国家提供了广阔市场。中国出口产品品质优良，满足了国际市场需求，减少了民众支出，降低了通胀压力。中国人足迹遍及全球，极大促进了中外交流互鉴。中国开放投资与服务贸易，促进了当地经济增长和就业。中国积极参与国际分工，推动全球资源配置更加合理。2018 年，中国对外直接投资 1430.4 亿美元，是 2002 年的 53 倍，年均增长 28.2%。对外贸易逐年增长，1978—2018 年，中国对外贸易累计达到 521921.1 亿美元；2018 年，货物贸易和服务贸易出口额分别达到 24867 亿美元、2668 亿美元。近年来，中国连续保持世界第一大出境旅游客源国地位，2018 年，中国公民出境旅游近 1.5 亿人次。中国的发展成为世界的机遇，还体现在中国经济增长对世界经济发展起到重要支撑作用。在世界经济因国际金融危机近十年处于低迷状态、主要西方国家经济增长缓慢的情形下，中国经济一直保持了领先的发展势头。中国经济总量跃居世界第二位，中国经济增长对世界经济增长贡献率也超过 30%。

在主动融入世界，与世界经济的融合、合作中，中国与世界经济的关系也在发生变化。中国从“世界工厂”变成同时是“世界市场”，从吸引利用外资变成同时也是重要投资者。2017 年世界经济论坛发布的《2017 年全球竞争力报告》就确认，中国在“市场规模”指标上的竞争力位居全球首位。英国《经济学人》杂志的文章中说，拥有 13 亿多人口的中国是如此庞大的市场，即便是网上订餐和美甲这样市场的规模也可能超过一个小国的整个汽车业。据联合国贸发会议数据，2016 年全球对外投资下滑 2%，但中国对外直接投资 1830 亿美元，上升了 44%，是世界第二大对外投资国。2020 年，受新冠疫情严重冲击，世界经济萎缩 3.3%，自 2009 年以来首次出现负增长，全球货物贸易萎缩 5.3%，外国直接投资较上年减少近四成。而中国在全球主要经济体中唯一实现经济正增长。2020 年中国对外直接投资净额 1537.1 亿美元，首次位居全球第一。截至 2020 年底，中国 2.8 万家境内投资者在国（境）外共设立对外直接投资企业 4.5 万家，分布在全球 189 个国家（地区），年末境外企业资产总额 7.9 万亿美元，对外直接投资累计净额 25806.6 亿美元。[①]2020 年《财富》杂志世界 500 强排行榜中，上榜的中国（含香港）公司数量达 124 家，历史上首次超过美国（121 家）。据《日本经济新闻》报道，2020 年，500 家“独角兽”企业中中国企业占 119 家，位居世界第二。74 家企业上榜“全球最大 250 家国际承包商”。2022 年 10 月 16 日，外交部

① 中华人民共和国商务部、国家统计局、国家外汇管理局：《2020 年度中国对外直接投资统计公报》，2021 年 9 月 29 日，见 http://images.mofcom.gov.cn/www/202109/20210929084957284.pdf。

新闻发言人说，中国已经是130多个国家和地区的主要贸易伙伴。过去10年，中国累计货物贸易总额262.3万亿元，其中进口117.6万亿元，年均增长4.7%。中国累计利用外资1.2万亿美元，年均增长5%。中国境外投资的存量由不足0.6万亿美元增长到超过2.7万亿美元，居世界第三位。

中国构建新发展格局对世界经济发展产生了积极影响。党的十九届五中全会提出，要加快构建以国内大循环为主体、国内国际双循环相互促进的新发展格局。这是对"十四五"和未来更长时期我国经济发展战略、路径作出的重大调整完善，是着眼于我国长远发展和长治久安作出的重大战略部署，对于我国实现更高质量、更有效率、更加公平、更可持续、更为安全的发展，对于促进世界经济繁荣，都产生重要而深远的影响。2021年，我国社会消费品零售总额超过40万亿元，固定资产投资规模超过50万亿元，内需对经济增长的贡献率达79.1%，比上年提高了4.4个百分点。同时，中国经济平衡健康发展，也有效促进了世界经济发展。

二、向世界开放中国超大规模市场

2021年11月，满载阿富汗1405件、超过45吨松子的包机缓缓降落在上海浦东国际机场。此次松子包机由阿富汗卡姆航空公司RQ3301航班承运，从阿富汗喀布尔机场直飞上海浦东机场，飞行距离4881千米，飞行时间6小时38分钟。起飞前，阿富汗代理副总理哈纳菲等临时政府官员在喀布尔机场举行简单的剪彩仪式，中国驻阿富汗大使王愚也参加送行，共同开启"松子空中走廊"。

这是阿富汗塔利班重新执政以来的阿富汗首次国际航空贸易，同时也是中阿双方再次贸易互通的初步尝试。外交部发言人汪文斌表示，小小松子将给中国人民带来美味，也可以为阿富汗带来外汇收入，缓解当地大批农民的生计困难。“松子空中走廊”是中阿两国人民友谊源远流长、两国经贸合作稳步发展的缩影和写照。英国《泰晤士报》2021 年 11 月报道：“中国助力阿富汗复兴的第一个指标是松子。”紧接着，松子航班的故事就有了新续篇。2021 年 11 月，在第四届中国进口商品博览会期间，来自“阿富汗的松子”火了，12 万瓶阿富汗松子一亮相便被抢购一空。

中国向世界开放超大规模市场的标志性举措之一，是每年举办中国国际进口博览会。至2022年11月，中国国际进口博览会已经在上海举行了五届。这是世界上第一个以进口为主题的国家级展会，是国际贸易发展史上一大创举；这也是全世界独有的一个国家不仅开放市场，而且专门为进口商品举行的博览会。举办中国国际进口博览会，由习近平主席亲自谋划、亲自提出、亲自部署、亲自推动，是中国着眼推进新一轮高水平对外开放作出的一项重大决策，是中国主动向世界开放市场的重大举措。在 2020 年 11 月举办的第三届中国国际进口博览会开幕式上，习近平主席在演讲中说：“经过 3 年发展，进博会让展品变商品、让展商变投资商，交流创意和理念，联通中国和世界，成为国际采购、投资促进、人文交流、开放合作的四大平台，成为全球共享的国际公共产品。”①在第五届中国国际进口博览会开幕式上，习近平主席再次评价了举办进博会的目的和意义：“5 年前，我宣布举办进博会，就是要扩大开放，让中国大市场成为世界大机遇。现在，进博会已经成为中国构建新发展格局的窗口、推动高水平开放的平台、全球共享的国际公共产品。”中国国际进口博览会每年 11 月举办，体现了中国同世界分享市场机遇、推动世界经济复苏的真诚愿望。

---

① 习近平：《在第三届中国国际进口博览会开幕式上的主旨演讲》，《人民日报》2020 年 11 月 5 日。

中国向世界开放超大规模市场，对世界经济的发展意义重大。在第三届中国国际进口博览会开幕式，习近平主席就特别告诉国际社会：中国有14亿多人口，中等收入群体超过4亿，是全球最具潜力的大市场。中国制造已经成为全球产业链供应链的重要组成部分，作出了积极贡献。中国广阔的内需市场将继续激发源源不断的创新潜能。下一步，中国将秉持开放、合作、团结、共赢的信念，坚定不移全面扩大开放，将更有效率地实现内外市场联通、要素资源共享，让中国市场成为世界的市场、共享的市场、大家的市场，为国际社会注入更多正能量。这意味着不仅中国国际进口博览会是全球共享的国际公共产品，中国市场也成为世界的市场、共享的市场、大家的市场，从而也成为特殊意义上的“国际公共产品”。

第四届中国国际进口博览会期间，多位外国驻华大使因直播带货而有了比数据更为直观的感受。卢旺达每30个人里就有一个人以咖啡种植业为生，而农业约占卢旺达国民生产总值的1/3。斯里兰卡大使帕利塔·科霍纳准备了很多产品介绍，准备直播推介家乡的锡兰红茶、黄金椰子等。“5、4、3、2、1”倒数结束，卢旺达驻华大使推销的数千斤咖啡豆、斯里兰卡驻华大使代言的锡兰红茶一上架就“秒空”，中国市场的巨大消费能力让他们感受深刻。他们走上直播台，拉近各自国家与中国消费者距离，也为本国商品赢得了巨大商机。

连续五届中国国际进口博览会开幕式习近平主席的主旨演讲，都向国际社会提供了重要信息。在首届中国国际进口博览会开幕式上，习近平主席告诉国际社会：“举办中国国际进口博览会，是中国着眼于推动新一轮高水平对外开放作出的重大决策，是中国主动向世界开放市场的重大举措。这体现了中国支持多边贸易体制、推动发展自由贸易的一贯立场，是中国推动建设开放型世界经济、支持经济全球化的实际行动。”“就是要欢迎各国朋友，把握新时代中国发展机遇，深化国际经贸合作，实现共同繁荣进步。”“中国有13亿多人口的大市场，中国真诚向各国开放市场，中国国际进口博览会不仅要年年办下去，而且要办出水平、办出成效、越办越好。”“预计未来15年，中国进口商品和服务将分别超过30万亿美元和10万亿美元。”[①]在第二届中国国际进口博览会开幕式上，习近平主席强调要继续扩大市场开放。中国市场规模巨大、潜力巨大，前景不可限量。中国老百姓有一句话，叫作“世界那么大，我想去看看”。习近平主席特别强调：“在这里我要说，中国市场这么大，欢迎大家都来看看。”“中国将更加重视进口的作用，进一步降低关税和制度性成本”。“中国将推动进口和出口、货物贸易和服务贸易、双边贸易和双向投资、贸易和产业协调发展，促进国际国内要素有序自由流动、资源高效配置、市场深度融合。”[②]在第三届中国国际进口博览会开幕式上，习近平主席告诉国际社会：预计未来10年累计商品进口额有望超过22万亿美元。这比首届中国国际进口博览会开幕式上“预计未来15年，中国进口商品和服务将分别超过30万亿美元和10万亿美元”的进口规模更加扩大。这次主旨演讲中还强调：中国将继续通过进博会等开放平台，支持各国企业拓展中国商机。中国将挖掘外贸增长潜力，为推动国际贸易增长、世界经济发展作出积极贡献。在第四届中国国际进口博览会开幕式上，习近平主席宣布了更多新举措：“中国将坚定不移同世界共享市场机遇。”“中国将更加注重扩大进口，促进贸易平衡发展。中国将增设进口贸易促进创新示范区，优化跨境电商零售进口商品清单，推进边民互市贸易进口商品落地加工，增加自周边国家进口。中国将推进内外贸一体化，加快建设国际消费中心城市，发展‘丝路电商’，构建现代物流体系，提升跨境物

① 习近平：《共建创新包容的开放型世界经济——在首届中国国际进口博览会开幕式上的主旨演讲》，《人民日报》2018年11月6日。

② 习近平：《开放合作，命运与共——在第二届中国国际进口博览会开幕式上的主旨演讲》，《人民日报》2019年11月6日。

流能力。”① 在第五届中国国际进口博览会开幕式上，习近平主席强调：“中国将推动各国各方共享中国大市场机遇”，包括加快建设强大国内市场，推动货物贸易优化升级，创新服务贸易发展机制，扩大优质产品进口等举措；“中国将推动各国各方共享制度型开放机遇”，包括稳步扩大规则、规制、管理、标准等制度型开放，实施好新版《鼓励外商投资产业目录》等举措；“中国将推动各国各方共享深化国际合作机遇”，强调将“全面深入参与世界贸易组织改革谈判，推动贸易和投资自由化便利化，促进国际宏观经济政策协调，共同培育全球发展新动能，积极推进加入《全面与进步跨太平洋伙伴关系协定》和《数字经济伙伴关系协定》，扩大面向全球的高标准自由贸易区网络，坚定支持和帮助广大发展中国家加快发展，推动构建人类命运共同体”。②

在构建新发展格局的过程中，中国超大规模市场优势显现，内需扩大拉动了进口。市场是全球最稀缺的资源，中国已经形成拥有 14 亿多人口、4 亿多中等收入群体的全球最大最有潜力市场。我国储蓄率仍然较高，随着向高收入国家行列迈进，规模巨大的国内市场不断扩张，从而拥有持续需求潜力。同时，中国拥有全球最完整、规模最大的工业体系和完善的配套能力，拥有 1.3 亿户市场主体和 1.7 亿多受过高等教育或拥有各种专业技能的人才，研发能力不断提升，从而拥有强大供给能力；中国经济的规模效应和集聚效应还可更好发挥，从而具备实现内部大循环、促进内外双循环的诸多有利条件。2021 年，我国货物进出口总额再创历史新高，其中进口、出口分别比上年增长 21.5%、21.2%。这也使中国经济越来越体现出大国经济的重要特

① 习近平：《让开放的春风温暖世界——在第四届中国国际进口博览会开幕式上的主旨演讲》，《人民日报》2021 年 11 月 5 日。

② 习近平：《共创开放繁荣的美好未来——在第五届中国国际进口博览会开幕式上的致辞》，《人民日报》2022 年 11 月 5 日。

征，即实现内部可循环，并且提供巨大国内市场和供给能力，支撑并带动外循环。2022 年全年货物进出口总额 420678 亿元，比上年增长 7.7%。其中，出口 239654 亿元，增长 10.5%；进口 181024 亿元，增长 4.3%。中国构建新发展格局和扩大内需，利用好大国经济的优势，可以释放巨大而持久的动能，推动全球经济稳步复苏和增长。

开放是当代中国的鲜明标识，开放是人类文明进步的重要动力，是世界繁荣发展的必由之路。中国积极以开放纾发展之困、以开放汇合作之力、以开放聚创新之势、以开放谋共享之福，推动经济全球化不断向前，增强各国发展动能，让发展成果更多更公平惠及各国人民。2021 年是中国加入世界贸易组织 20 周年。20 年来，中国全面履行入世承诺，关税总水平由 15.3% 降至 7.4%，低于 9.8% 的入世承诺；中央政府清理法律法规 2300 多件，地方政府清理 19 万多件，激发了市场和社会活力。20 年来，中国经济总量从世界第六位上升到第二位，货物贸易从世界第六位上升到第一位，服务贸易从世界第十一位上升到第二位，利用外资稳居发展中国家首位，对外直接投资从世界第二十六位上升到第一位。这有力体现出，这 20 年，是中国深化改革、全面开放的 20 年，是中国把握机遇、迎接挑战的 20 年，更是中国主动担责、造福世界的 20 年。

面对百年未有之大变局加速演进、经济复苏动力不足的当今世界，中国将继续推进高水平对外开放，将依托我国超大规模市场优势，以国内大循环吸引全球资源要素，增强国内国际两个市场两种资源联动效应，提升贸易投资合作质量和水平；将稳步扩大规则、规制、管理、标准等制度型开放。推动货物贸易优化升级，创新服务贸易发展机制，发展数字贸易，加快建设贸易强国；将扩大面向全球的高标准自由贸易区网络，深度参与全球产业分工和合作，维护多元稳定的国际经济格局和经贸关系。

第四节　中国力量：致力于建设更加美好的世界

我们所处的是一个充满挑战的时代，也是一个充满希望的时代。“人类社会应该向何处去？我们应该为子孙后代创造一个什么样的未来？”①对这一重大命题，中国从人类共同利益出发、以负责任态度提供的答案，就是坚定信心，共克时艰，共同建设更加美好的世界。

世界各国人民的命运从未像今天这样紧密相连。中国共产党以世界眼光关注人类前途命运，从人类发展大潮流、世界变化大格局、中国发展大历史正确认识和处理同外部世界的关系，以“命运紧紧相连”的世界观看待现实与未来，推动国际社会以团结、智慧、勇气，扛起历史责任，解答时代命题，展现时代担当，推动构建人类命运共同体，为解决人类重大问题，建设持久和平、普遍安全、共同繁荣、开放包容、清洁美丽的世界贡献了中国智慧、中国方案、中国力量，成为推动人类发展进步的重要力量。

一、积极参与全球治理体系改革和建设

21世纪以来，随着经济全球化深入发展，国际政治经济格局加速演变，全球发展深层次矛盾日益突出，国际力量对比日趋均衡，国际秩序和全球治理体系变革更加深入，世界进入大发展大变革大调整的新时期，处于百年未有之大变局。百年未有之大变局的最大变化，就是以中国为代表的新兴市

① 习近平：《同舟共济克时艰，命运与共创未来——在博鳌亚洲论坛2021年年会开幕式上的视频主旨演讲》，《人民日报》2021年4月21日。

场国家和发展中国家群体性崛起，从根本上改变了国际力量对比。工业革命以来，西方世界在国际政治经济格局中长期占据主导地位。近几十年来，新兴市场国家和发展中国家紧紧抓住经济全球化历史机遇，实现了快速发展。大变局催生新的机遇，也面临挑战。各种新旧因素、力量、矛盾相互叠加碰撞，大国关系、国际秩序、地区安全、社会思潮、全球治理深刻重塑，国际局势不稳定性不确定性日益突出，世界面临重新陷入分裂甚至对抗的风险。

中国积极参与全球治理体系改革和建设，目的不是推倒重来、另起炉灶，而是与时俱进、创新完善。推动全球治理体系朝着更加公正合理方向发展，实现共商共建共享，是世界各国的普遍期待。中国作为负责任大国，作为现行国际体系的参与者、建设者、贡献者，始终坚持权利和义务相平衡，不仅看到中国发展对世界的要求，也看到国际社会对中国的期待，积极参与全球治理体系改革和建设。为了共同建设更加美好的世界，中国呼吁各国应立即行动起来，以全人类命运与共的视野和远见，共同构建新的全球治理架构。作为联合国创始会员国、联合国安全理事会常任理事国和最大发展中国家，中国始终坚定维护联合国权威和地位，恪守联合国宪章宗旨和原则，维护以国际法为基础的国际秩序，同各国一道，坚守多边主义，反对单边主义。中国积极参加联合国维和行动，是联合国第二大会费国和维和摊款国，是安理会常任理事国维和行动第一大出兵国。新时代的中国军队已经成为联合国维和行动的关键因素和关键力量，为世界和平与发展注入更多正能量。中国严格履行《巴黎协定》《核安全公约》《不扩散核武器条约》《禁止生物武器公约》《禁止化学武器公约》等国际公约，在联合国框架下积极开展能源安全、粮食安全、网络安全、生物安全、极地、外空、海洋等领域国际交流与合作。

中国积极参与全球治理体系改革和建设，维护以联合国为核心的国际体系、以国际法为基础的国际秩序、以联合国宪章宗旨和原则为基础的国际关系基本准则，维护和践行真正的多边主义，坚决反对单边主义、保护主义、霸权主义、强权政治，积极推动经济全球化朝着更加开放、包容、普惠、平衡、共赢的方向发展。中国建设性参与国际和地区热点问题政治解决，在气候变化、减贫、反恐、网络安全和维护地区安全等领域发挥积极作用。中国积极发挥自身作用，加强与各方协调，推动全球治理体系变革，更好地体现和平、发展、公平、正义、民主、自由的全人类共同价值，更好地反映国际格局的变化，更加平衡地反映整个国际社会的意愿。中国积极推动全球治理理念创新发展，及时总结国家治理的成功实践和经验，积极发掘中华文化中积极的处世之道、治理理念同当今时代的共鸣点，努力为完善全球治理贡献中国智慧、中国方案、中国力量。

在全球治理体系改革和建设上，中国的主张是，什么样的国际秩序和全球治理体系对世界好、对世界各国人民好，要由各国人民商量，不能由一家说了算，不能由少数人说了算。全球治理结构如何完善，应该由各国共同来决定。全球治理体系是由全球共建共享的，不可能由哪一个国家独自掌握。推动全球治理体系变革是国际社会大家的事，应坚持共商共建共享原则，使全球治理体系变革的主张转化为各方共识，形成一致行动。中国是现行国际体系的参与者、建设者、贡献者，一直维护以联合国为核心、以联合国宪章宗旨和原则为基础的国际秩序和国际体系。随着世界不断发展变化，随着人类面临的重大跨国性和全球性挑战日益增多，有必要对全球治理体制机制进行相应的调整改革。这种改革并不是推倒重来，也不是另起炉灶，而是创新完善。国际经济规则需要不断革故鼎新，以适应全球增长格局新变化，让责任和能力相匹配。推动国际经济秩序顺应新兴市场国家和发展中国家力量上升的历史趋势，增加新兴市场国家和发展中国家代表性和发言权。

在全球治理体系改革和建设上，中国一直在努力，没有缺席。为了建设更加美好的世界，中国从世界和平与发展的大义出发，贡献处理当代国际关系的中国智慧，贡献完善全球治理的中国方案，为人类社会应对21世纪的各种挑战作出自己的贡献。在推动世界经济复苏、政治解决国际和地区热点、应对各种全球性问题和挑战等方面，中国都没有缺席。这是国际社会的希望，也是中国的责任。中国将坚持走和平发展道路，同时也将推动各国共同坚持和平发展。中国将积极承担更多国际责任，同世界各国共同维护人类良知和国际公理，在世界和地区事务中主持公道、伸张正义，更加积极有为地参与热点问题的解决，既通过维护世界和平来发展自己，又以自身发展促进世界和平。中国将继续通过平等协商处理矛盾和分歧，以最大诚意和耐心，坚持对话解决分歧。中国推动全球治理体系朝着更加公正合理方向发展，推动国际关系民主化，推动建立以合作共赢为核心的新型国际关系，推动建设人类命运共同体，都是从周边先行起步。中国始终将周边置于外交全局的首要位置，视促进周边和平、稳定、发展为己任。中国愿同国际社会一道，在发展中谋共赢，在合作中同进步，让中国人民更加幸福，让世界人民共享和平与发展成果。

中国的发展得益于国际社会，也必将回馈国际大家庭。中国一直是国际合作的倡导者和国际多边主义的积极参与者，将坚定不移奉行互利共赢的开放战略。随着中国实力上升，我们将逐步承担更多力所能及的责任，努力为促进世界经济增长和完善全球治理贡献中国智慧、中国力量。中国的发展不会牺牲别国利益，只会增进共同利益。中国将同各国一道，逢山开路、遇河架桥。世界上的路，只有走的人多了，才会越来越宽广。中国在积极参与全球治理体系改革和建设方面作出努力的同时，同样关注太平洋岛国等的特殊关切，增进与他们的合作。中方多次表示愿同各岛国就全球治理、扶贫减灾、粮食安全、能源安全、人道援助等问题加强沟通，维护双方和发展中国家共同利益。中方将在南南合作框架下为岛国应对气候变化提供支持，向岛国提供节能环保物资和可再生能源设备，开展地震海啸预警、海平面监测等合作。中方将继续积极参与太平洋岛国论坛、太平洋岛国发展论坛等岛国地区合作机制，支持岛国联合自强、互帮互助、维护地区稳定和繁荣的努力。中方愿同岛国一道维护多边主义和自由贸易体制，加强在国际事务中的沟通和协调，支持岛国发出“太平洋声音”，共同推动落实2030年可持续发展议程，支持岛国推进“蓝色太平洋”倡议。中国重视和理解太平洋岛国在气候变化问题上的特殊关切，将向各岛国提供力所能及的帮助，携手推动《巴黎协定》有效实施，促进全球绿色、低碳、可持续发展。

随着新一轮科技革命和产业变革加速推进，互联网让世界变成了“地球村”，国际社会越来越成为你中有我、我中有你的命运共同体。发展好、运用好、治理好互联网，让互联网更好造福人类，是国际社会的共同责任。网络空间治理呼唤更加公平、合理、有效的解决方案，全球性威胁和挑战需要强有力的全球性应对。在中国看来，网络空间命运共同体是人类命运共同体的重要组成部分，是人类命运共同体理念在网络空间的具体体现。网络空间命运共同体所包含的关于发展、安全、治理、普惠等方面的理念主张，与人类命运共同体理念既一脉相承，又充分体现了网络空间的客观规律和鲜明特征。同时，推动构建网络空间命运共同体，将为构建人类命运共同体提供充沛的数字化动力，构筑坚实的安全屏障，凝聚更广泛的合作共识。网络空间命运共同体坚持多边参与、多方参与，尊重网络主权，发扬伙伴精神，坚持大家的事由大家商量着办，推动国际社会深化务实合作，共同应对风险挑战。构建网络空间命运共同体，这一理念符合信息时代的发展规律、符合世界人民的需求与期待，为全球在尊重网络主权的基础上，推进网络空间发展和治理体系变革贡献了中国方案。

中国作为全球最大的发展中国家和网民数量最多的国家，顺应信息时代发展趋势，坚持以人民为中心的发展思想，秉持共商共建共享的全球治理观，推动构建网络空间命运共同体，推动构建多边、民主、透明的国际互联网治理体系，努力实现网络空间创新发展、安全有序、平等尊重、开放共享的目标，做到发展共同推进、安全共同维护、治理共同参与、成果共同分享，把网络空间建设成为造福全人类的发展共同体、安全共同体、责任共同体、利益共同体。中国立足新发展阶段、贯彻新发展理念、构建新发展格局，建设网络强国、数字中国，在激发数字经济活力、推进数字生态建设、营造清朗网络空间、防范网络安全风险等方面不断取得新的成效，为高质量发展提供了有力服务、支撑和保障，为构建网络空间命运共同体提供了坚实基础。中国不断深化网络空间国际交流合作，拓展数字经济合作，共同维护网络空间安全，积极参与全球互联网治理体系改革和建设，促进互联网普惠包容发展，与国际社会携手推动构建网络空间命运共同体。

2022 年 11 月，国务院新闻办公室发布《携手构建网络空间命运共同体》白皮书，介绍了新时代中国互联网发展和治理理念与实践，分享中国推动构建网络空间命运共同体的积极成果，展望网络空间国际合作前景。白皮书强调，互联网是人类共同的家园。无论数字技术如何创新发展，无论国际环境如何风云变幻，每个人都在网络空间休戚与共、命运相连。建设和维护一个和平、安全、开放、合作、有序的网络空间，关系到人类文明进程和发展命运，是各国的共同期盼和愿望。让这个家园更繁荣、更干净、更安全，是国际社会的共同责任。中国愿同世界各国一道，共同构建更加公平合理、开放包容、安全稳定、富有生机活力的网络空间，携手构建网络空间命运共同体，开创人类更加美好的未来。

二、成为推动人类发展进步的重要力量

办好中国的事，让14亿多中国人民过上更加美好的生活，促进人类和平与发展的崇高事业，这是中国共产党矢志不渝的奋斗目标。同时，中国共产党坚持以人民为中心的发展思想，在宏阔的时空维度中思考民族复兴和人类进步的深刻命题，团结带领中国人民上下求索、锐意进取，创造更加美好的未来，成为推动人类发展进步的重要力量。

中国倡导各国要树立人类命运共同体意识，倡导和平、发展、合作、共赢，让团结代替分裂、合作代替对抗、包容代替排他，共同破解“世界怎么了、我们怎么办”这一时代课题，共渡难关，共创未来。中国在多种场合向国际社会提出，和平与发展仍然是时代主题，既要坚持多边主义的核心价值和基本原则，也要立足世界格局变化，着眼应对全球性挑战需要，在广泛协商、凝聚共识基础上改革和完善全球治理体系。“经济全球化的大势不可逆转，合作共赢才是人间正道。”[①]中国始终对世界保持友善之心，坚持大格局、大胸怀、大气度，积极促进并致力于与世界共同发展，为人类文明进步作出自身的贡献。

中国坚持对外开放基本国策，奉行互利共赢的开放战略，不断提升发展的内外联动性，在实现自身发展的同时更多惠及其他国家和人民，实现了从封闭半封闭到全方位开放的伟大历史转折，参与和推进了经济全球化进程，促进了人类和平与发展的崇高事业。而且，中国基于弘扬和平、发展、公平、正义、民主、自由的全人类共同价值，倡导世界各国应该坚持以人民为中心，努力实现更高质量、更有效率、更加公平、更可持续、更为安全的发展。要破解发展不平衡不充分问题，提高发展的平衡性、协调性、包容性。

---

① 《习近平会见联合国秘书长古特雷斯》，《人民日报》2019年4月27日。

要增强人民发展能力，形成人人参与、人人享有的发展环境，创造发展成果更多更公平惠及每一个国家每一个人的发展局面。

中国提出，我们要推动更加包容的全球发展。面对各种风险挑战，应该同舟共济。我们应该携手努力，开辟合作共赢的新境界。我们要推动更加普惠的全球发展。各国共同发展才是真发展。世界繁荣稳定不可能建立在贫者愈贫、富者愈富的基础之上。每个国家都想过上好日子，现代化不是哪个国家的特权。走在前面的国家应该真心帮助其他国家发展，提供更多全球公共产品。大国要有大国的担当，都应为全球发展事业尽心出力。我们要推动更有韧性的全球发展。我们要建设全球经济复苏伙伴关系，坚持发展优先、以人民为中心，始终想着发展中国家的难处，照顾发展中国家关切。我们要继续维护以世界贸易组织为核心的多边贸易体制，积极推动世界贸易组织改革，推进贸易和投资自由化便利化，推动建设开放型世界经济。中方在二十国集团提出了数字创新合作行动计划，期待同各方一道营造开放、公平、非歧视的数字经济发展环境，缩小南北国家间数字鸿沟。南非约翰内斯堡大学非洲—中国研究中心高级研究员科菲·库阿库表示，习近平主席提出推动更加包容、普惠、有韧性的全球发展，对世界各国至关重要，体现了中国着眼全人类福祉的责任担当。“中方始终尊重、支持非洲国家发展。期待非洲能得到更多来自国际社会的关注。”①

中国致力于与各国加强互利合作，促进交流互鉴，弥合发展鸿沟，走出一条公平、开放、全面、创新的共同发展之路。积极争取和平的国际环境发展自己，又以自身的发展更好地维护世界和平、促进共同发展，始终是中国坚定不移的国家意志。中国进口博览会的一些数据就体现了互利合作的成

---

① 《推动世界各国共同发展进步——习近平主席在二十国集团领导人第十七次峰会第一阶段会议重要讲话引发国际社会热烈反响》，《人民日报》2022 年 11 月 16 日。

果。据统计，前四届进博会累计引进展品 27 万种（件），累计意向成交额达 2700 多亿美元，共发布新产品、新技术、新服务超过 1500 项。第五届进博会，共有 145 个国家、地区和国际组织参展，世界 500 强和行业龙头企业超过 280 家，“回头率”近 90%；全球四大粮商、十大医疗器械企业、十五大药品企业悉数到齐；一系列“全球首秀”“亚洲首发”“中国首展”纷纷亮相。五年来，“展品变商品，展商变投资商”，中国经济的强大韧性和广阔市场展现巨大吸引力。习近平主席在第五届进博会致辞中指出，中国将推动各国各方共享中国大市场机遇、制度型开放机遇、深化国际合作机遇，“三个机遇”为艰难复苏的世界经济注入强大正能量。

中国致力于与各国携起手来，总结历史经验与教训，加强协调、完善治理，推动开放、包容、普惠、平衡、共赢的新型经济全球化。在中国看来，新型经济全球化，应由世界上各个国家共同参与、共同主导；应继续坚持和维护已经被实践充分证明是正确有效的贸易自由化、多边贸易体制等规则体制，并不断创新、完善和发展；应消除霸权主义与强权政治、丛林法则与零和博弈，秉持共商共建共享理念，真正实现民主、平等、公正、合理；应有利于建设开放型世界经济，有利于促进世界和平稳定，实现共同发展、共同繁荣、共同富裕。

中国致力于与世界共同发展。中国坚持合作共赢、共同发展的重要方面，就是坚持发展创新、增长联动、利益融合。中国将在推动自身创新发展的同时，加强与各国交流合作，开辟经济增长新源泉，壮大经济增长新动能。中国将进一步加强与各国宏观政策协调联动和发展战略规划对接，优势互补，相互借力，放大正面外溢效应，减少负面外部影响。中国进一步推动构建人类命运共同体，致力于与世界共同发展，共同建设更加美好的世界。

作为促进合作共赢努力的体现，中国两次发布“中国的航天”白皮书，分别向国际社会介绍 2011—2016 年、2016—2021 年中国航天活动的主要进展、未来五年的主要任务以及国际交流与合作等情况，强调中国航天的发展宗旨首先是探索外层空间，扩展对地球和宇宙的认识；和平利用外层空间，促进人类文明和社会进步，造福全人类；其次是满足经济建设、科技发展、国家安全和社会进步等方面的需求，提高全民科学文化素质，维护国家权益，增强综合国力。并强调，中国政府认为，和平探索、开发和利用外层空间及其天体是世界各国都享有的平等权利。世界各国开展外空活动，应有助于各国经济发展和社会进步，应有助于人类的和平与安全、生存与发展。站在全面建设社会主义现代化国家新征程的历史起点上，中国将加快推进航天强国建设，秉持人类命运共同体理念，继续同各国一道，积极参与外空全球治理与交流合作，维护外空安全，促进外空活动长期可持续发展，为保护地球家园、增进民生福祉、服务人类文明进步作出新的更大贡献。

中国把自己的事情做好，这本身就是对构建人类命运共同体的贡献。我们也要通过推动中国发展给世界创造更多机遇。长期以来，中国为广大发展中国家提供了大量无偿援助、优惠贷款，提供了大量技术支持、人员支持、智力支持，为广大发展中国家建成了大批经济社会发展和民生改善项目。今天，成千上万的中国科学家、工程师、企业家、技术人员、医务人员、教师、普通职工、志愿者等正奋斗在众多发展中国家广阔的土地上，同当地民众手拉手、肩并肩，帮助他们改变命运。为了共同建设更加美好的世界，中国始终关注和帮助生活在饥饿和贫困中的有关国家的人民，通过对外援助、减免债务、增加进口、扩大投资等措施，努力帮助发展中国家特别是最不发达国家增强自身发展能力，在扶贫减贫、疫病防控、难民救助等全球议题上继续贡献智慧和力量，让共同发展的阳光冲破贫困落后的阴霾、照亮共享繁荣的未来。中国在推动共建“一带一路”高质量发展的同时，积极促进全球减贫与发展事业。中国积极落实联合国2030年可持续发展议程，进一步加强国际减贫发展合作，支持联合国、世界银行等继续在国际减贫事业中发挥重要作用，推动建立以合作共赢为核心的新型国际减贫交流合作关系。

中国特色大国外交服务民族复兴、促进人类进步，推动建设新型国际关系，推动构建人类命运共同体。从体现“人民至上”的“共同富裕路上，一个不能掉队”，到关切人类发展进步的“努力不让任何一个国家掉队”“构建全球发展命运共同体”，体现了中国共产党是如何以世界眼光关注人类前途命运，成为推动人类发展进步的重要力量。

第五章

促进人类文明交流互鉴

应对人类面临的共同挑战、迈向美好未来，既需要经济科技力量，也需要文化文明力量。人类文明多样性是世界的基本特征，也是人类进步的源泉。世界上有 200 多个国家和地区、2500 多个民族、多种宗教。不同历史和国情，不同民族和习俗，孕育了不同文明，使世界更加丰富多彩。文明的繁盛、人类的进步，离不开求同存异、开放包容，离不开文明交流、互学互鉴。历史呼唤着人类文明同放异彩，不同文明应该和谐共生、相得益彰，共同为人类发展提供精神力量。

2023 年 3 月，中共中央总书记、国家主席习近平在中国共产党与世界政党高层对话会上提出“全球文明倡议”。着眼于推动文明交流互鉴、促进人类文明进步，为推动人类现代化进程、推动构建人类命运共同体注入强大正能量，强调了“四个共同倡导”：“我们要共同倡导尊重世界文明多样性，坚持文明平等、互鉴、对话、包容，以文明交流超越文明隔阂、文明互鉴超越文明冲突、文明包容超越文明优越。”“我们要共同倡导弘扬全人类共同价值，和平、发展、公平、正义、民主、自由是各国人民的共同追求，要以宽广胸怀理解不同文明对价值内涵的认识，不将自己的价值观和模式强加于人，不搞意识形态对抗。”“我们要共同倡导重视文明传承和创新，充分挖掘各国历史文化的时代价值，推动各国优秀传统文化在现代化进程中实现创造性转化、创新性发展。”“我们要共同倡导加强国际人文交流合作，探讨构建全球文明对话合作网络，丰富交流内容，拓展合作渠道，促进各国人民相知相亲，共同推动人类文明发展进步。”①

当今世界不同国家、不同地区各具特色的现代化道路，植根于丰富多样、源远流长的文明传承。人类社会创造的各种文明，都闪烁着璀璨光芒，为各国现代化积蓄了厚重底蕴、赋予了鲜明特质，并跨越时空、超越国界，共同为人类社会现代化进程作出了重要贡献。全球文明倡议的提出，进一步丰富和拓展了构建人类命运共同体的实践路径，为人类社会何去何从提供更多思想指引和启迪。“中国式现代化作为人类文明新形态，与全球其他文明相互借鉴，必将极大丰富世界文明百花园。”②

全球文明倡议的提出，不仅体现了中国把自己的现代化放置于人类文明的维度进行考量，将创造人类文明新形态作为中国式现代化的本质要求之一，还是继习近平在亚洲文明对话大会、博鳌亚洲论坛、亚太经合组织工商领导人峰会等多次表达中国的文明观之后，对中国文明观的最新表达。③强烈体现出中国共产党行天下大道的努力和行动。全球文明倡议一经提出，就引发国际社会积极反响。④

全球文明倡议是继全球发展倡议、全球安全倡议后，新时代中国为国际社会提供的又一重要公共产品。从提出全球发展倡议、全球安全倡议，到提

---

① 习近平：《携手同行现代化之路——在中国共产党与世界政党高层对话会上的主旨讲话》，《人民日报》2023 年 3 月 16 日。

② 参见新华社“第一观察”：《总书记首提全球文明倡议意义非凡》，2023 年 3 月 18 日，见 https://baijiahao.baidu.com/s?id=1760696670610504057&wfr=spider&for=pc。

③ 参见《习近平为何首提全球文明倡议》，中国新闻社，2023 年 3 月 17 日，见 https://baijiahao.baidu.com/s?id=1760587075992940104&wfr=spider&for=pc。

④ 《外交部发言人：全球文明倡议是新时代中国为国际社会提供的又一重要公共产品》，《人民日报》2023 年 3 月 17 日。

出全球文明倡议，中国始终是世界和平的建设者、全球发展的贡献者、国际秩序的维护者、人类文明进步的促进者，“为人类谋进步、为世界谋大同”的使命担当一以贯之。在各国前途命运紧密相连的今天，不同文明包容共存、交流互鉴，在推动人类社会现代化进程、繁荣世界文明百花园中具有不可替代的作用。我们要共同倡导尊重世界文明多样性、共同倡导弘扬全人类共同价值、共同倡导重视文明传承和创新、共同倡导加强国际人文交流合作。中国愿同国际社会一道，努力开创世界各国人文交流、文化交融、民心相通新局面，让世界文明百花园姹紫嫣红、生机盎然。

积极促进人类文明交流互鉴，是中国成为“推动人类文明进步和世界和平发展的重要动力”的鲜明体现。[①] 中国积极推动不同文明相互尊重、和谐共处，让文明交流互鉴成为增进各国人民友谊的桥梁、推动人类社会进步的动力、维护世界和平的纽带，在文明交流互鉴中推动人类文明进步。中国积极倡导，我们应该坚持世界是丰富多彩的、文明是多样的理念，让人类创造的各种文明交相辉映，编织出斑斓绚丽的图画，共同消除现实生活中的文化壁垒，共同抵制妨碍人类心灵互动的观念纰缪，共同打破阻碍人类交往的精神隔阂，让各种文明和谐共存，让人人享有文化滋养。

第一节　在世界思想文化激荡中坚定文化自信

文化是一个国家、一个民族的灵魂。向上向善的文化是一个国家、一个

① 习近平：《文明交流互鉴是推动人类文明进步和世界和平发展的重要动力》，《求是》2019年第9期。

民族休戚与共、血脉相连的重要纽带。文化自信是更基础、更广泛、更深厚的自信，是一个国家、一个民族发展中最基本、最深沉、最持久的力量，没有高度文化自信、没有文化繁荣兴盛就没有中华民族伟大复兴。全面建设社会主义现代化国家，必须坚持中国特色社会主义文化发展道路，增强文化自信，增强实现中华民族伟大复兴的精神力量。

一、文化自信是风云激荡中站稳脚跟的根基

文化自信是一个民族赖以长久生存的精神支柱。每一种文明都延续着一个国家和民族的精神血脉。中华优秀传统文化是中华民族的突出优势，是我们在世界文化激荡中站稳脚跟的根基。中华文明源远流长，孕育了中华民族的宝贵精神品格，培育了中国人民的崇高价值追求。自强不息、厚德载物的思想，支撑着中华民族生生不息、薪火相传，今天依然是我们推进改革开放和社会主义现代化建设的强大精神力量。中国人民的特质、禀赋不仅铸就了绵延几千年发展至今的中华文明，而且深刻影响着当代中国发展进步，深刻影响着当代中国人的精神世界。中国人民在长期奋斗中培育、继承、发展起来的伟大民族精神，为中国发展和人类文明进步提供了强大精神动力。

坚定文化自信，是事关国运兴衰、事关文化安全、事关民族精神独立性的大问题。中国有坚定的道路自信、理论自信、制度自信，其本质是建立在5000多年文明传承基础上的文化自信。坚定文化自信，离不开对中华民族历史的认知和运用。历史是一面镜子，从历史中，我们能够更好看清世界、参透生活、认识自己；历史也是一位智者，同历史对话，我们能够更好认识过去、把握当下、面向未来。“没有中华五千年文明，哪有我们今天的成功道路”。“如果没有中华五千年文明，哪里有什么中国特色？如果不是中国特

色，哪有我们今天这么成功的中国特色社会主义道路？我们要特别重视挖掘中华五千年文明中的精华，弘扬优秀传统文化，把其中的精华同马克思主义立场观点方法结合起来，坚定不移走中国特色社会主义道路。”① 当今世界，要说哪个政党、哪个国家、哪个民族能够自信的话，那中国共产党、中华人民共和国、中华民族是最有理由自信的。有了“自信人生二百年，会当水击三千里”的勇气，我们就能毫无畏惧面对一切困难和挑战，就能坚定不移开辟新天地、创造新奇迹。

在5000多年文明发展中孕育的中华优秀传统文化，在党和人民伟大斗争中孕育的革命文化和社会主义先进文化，积淀着中华民族最深层的精神追求，代表着中华民族独特的精神标识。实现中国梦，是物质文明和精神文明比翼双飞的发展过程。要努力从中华民族世世代代形成和积累的优秀传统文化中汲取营养和智慧，延续文化基因，萃取思想精华，展现精神魅力。中华文明源远流长、博大精深，始终一脉相承，积淀着中华民族最深层的精神追求，代表着中华民族独特的精神标识，为中华民族生生不息、发展壮大提供了丰厚滋养，是当代中国文化的根基，是维系全世界华人的精神纽带，也是中国文化创新的宝藏。中华民族形成和发展过程中产生的各种思想文化，记载了中华民族在长期奋斗中开展的精神活动、进行的理性思维、创造的文化成果，反映了中华民族的精神追求，其中最核心的内容已经成为中华民族最基本的文化基因。中华优秀传统文化是我们最深厚的文化软实力，也是中国特色社会主义植根的文化沃土。中华文明有其独特的价值体系。中华民族的先人们早就向往人们的物质生活充实无忧、道德境界充分升华的大同世界。中华文明历来把人的精神生活纳入人生和社会理想之中。随着中国经济社会

① 《习近平考察朱熹园谈文化自信：没有中华五千年文明，哪有我们今天的成功道路》，2021年3月22日，见https://baijiahao.baidu.com/s?id=1694992058102825906&wfr=spider&for=pc。

不断发展，中华文明也必将顺应时代发展焕发出更加蓬勃的生命力。中华优秀传统文化已经成为中华民族的基因，植根在中国人内心，潜移默化影响着中国人的思想方式和行为方式。

中华优秀传统文化是中华民族的精神命脉，是涵养社会主义核心价值观的重要源泉，也是我们在世界文化激荡中站稳脚跟的坚实根基。增强文化自觉和文化自信，是坚定道路自信、理论自信、制度自信的题中应有之义。中华文明在长期演进过程中，形成了中国人看待世界、看待社会、看待人生的独特价值体系、文化内涵和精神品质，这是我们区别于其他国家和民族的根本特征，也铸就了中华民族博采众长的文化自信。作为一个中国人，一定要了解我们民族的历史。“腹有诗书气自华”。14 亿多中国人民凝聚力这么强，就是因为我们拥有博大精深的中华文化、中华精神，“这是我们文化自信的源泉。了解我们 5000 年延续不绝的历史，就能自然形成强烈的民族自尊心和民族自豪感。”①

爱国主义是中华民族精神的核心，是中华民族团结奋斗、自强不息的精神纽带。近代以来，中国人民为争取民族独立和解放进行的一系列抗争，就是中华民族觉醒的历史进程，就是中华民族精神升华的历史进程。爱国主义精神深深植根于中华民族心中，是中华民族的精神基因，维系着华夏大地上各个民族的团结统一，激励着一代又一代中华儿女为祖国发展繁荣而不懈奋斗。在中华民族几千年绵延发展的历史长河中，爱国主义始终是激昂的主旋律，始终是激励我国各族人民自强不息的强大力量。中华民族之所以能够经受住无数难以想象的风险和考验，始终保持旺盛生命力，生生不息，薪火相传，同中华民族有深厚持久的爱国主义传统是密不可分的。爱国，是人世间最深层、最持久的情感，是一个人立德之源、立功之本。中国人常讲，做人

---

① 《习近平视察澳门政府综合服务中心和英才学校》，《人民日报》2019 年 12 月 20 日。

要有气节、要有人格。气节与人格，爱国是第一位的。我们是中华儿女，要了解中华民族历史，秉承中华文化基因，有民族自豪感和文化自信心。拥有家国情怀的作品，最能感召中华儿女团结奋斗。

每个国家和民族的历史传统、文化积淀、基本国情不同，其发展道路必然有着自己的特色。一个国家的治理体系和治理能力是与这个国家的历史传承和文化传统密切相关的。解决中国的问题，只能在中国大地上探寻适合自己的道路和办法。怎样对待本国历史？怎样对待本国传统文化？这是任何国家在实现现代化过程中都必须解决好的问题。我们党在领导革命、建设、改革的进程中，一贯重视学习和总结历史，一贯重视借鉴和运用历史经验。历史是最好的老师。在漫长的历史进程中，中华民族创造了独树一帜的灿烂文化，积累了丰富的治国理政经验，其中既包括升平之世社会发展进步的成功经验，也有衰乱之世社会动荡的深刻教训。我国古代主张民惟邦本、政得其民，礼法合治、德主刑辅，为政之要莫先于得人、治国先治吏，为政以德、正己修身，居安思危、改易更化，等等，这些都能给人们以重要启示。“中国的今天是从中国的昨天和前天发展而来的。要治理好今天的中国，需要对我国历史和传统文化有深入了解，也需要对我国古代治国理政的探索和智慧进行积极总结。”①

党的二十大报告指出，中华优秀传统文化源远流长、博大精深，是中华文明的智慧结晶，其中蕴含的天下为公、民惟邦本、为政以德、革故鼎新、任人唯贤、天人合一、自强不息、厚德载物、讲信修睦、亲仁善邻等，是中国人民在长期生产生活中积累的宇宙观、天下观、社会观、道德观的重要体现，同科学社会主义价值观主张具有高度契合性。我们必须坚定历史自信、

---

① 《习近平在中共中央政治局第十八次集体学习时强调　牢记历史经验历史教训历史警示　为国家治理能力现代化提供有益借鉴》，《人民日报》2014 年 10 月 14 日。

文化自信，坚持古为今用、推陈出新，把马克思主义思想精髓同中华优秀传统文化精华贯通起来、同人民群众日用而不觉的共同价值观念融通起来，不断赋予科学理论鲜明的中国特色，不断夯实马克思主义中国化时代化的历史基础和群众基础，让马克思主义在中国牢牢扎根。

二、历史自信是新赶考路上答卷优异的关键

党的历史是最生动、最有说服力的教科书。贯穿中国共产党百年奋斗历程的重要特征是深刻把握历史规律，掌握历史主动，从而创造了历史伟业。这基于中国共产党高度重视总结历史经验、把握历史规律，增强开拓前进的勇气和力量。这是中国共产党的成功之道。正是因为我们党立志于中华民族千秋伟业，致力于人类和平与发展崇高事业，责任无比重大，使命无上光荣，习近平总书记告诫全党同志，“务必不忘初心、牢记使命，务必谦虚谨慎、艰苦奋斗，务必敢于斗争、善于斗争，坚定历史自信，增强历史主动，谱写新时代中国特色社会主义更加绚丽的华章。”

在实现中华民族伟大复兴历史进程中，党的百年奋斗历史经验，就是坚定历史自信、把握历史主动的坚实基础。对历史进程的认识越全面，对历史规律的把握越深刻，党的历史智慧越丰富，对前途的掌握就越主动。“在新的赶考之路上，我们能否继续交出优异答卷，关键在于有没有坚定的历史自信。”① 正是因为中国共产党把握了历史前进的逻辑，掌握了历史主动，就更坚定历史自信。因此，要把党的历史经验作为正确判断形势、科学预见未来、把握历史主动的重要思想武器，更好观察时代、把握时代、引领时代。

---

① 《中共中央政治局召开专题民主生活会强调　弘扬伟大建党精神坚持党的百年奋斗历史经验　增加历史自信增进团结统一增强斗争精神　中共中央总书记习近平主持会议并发表重要讲话》，《人民日报》2021 年 12 月 29 日。

在推进中华民族伟大复兴进程中，需要坚定历史自信，需要把握新的伟大斗争的历史特点，抓住和用好历史机遇，下好先手棋、打好主动仗，发扬斗争精神，增强斗争本领。正确的历史认知是历史自信的重要基础。习近平总书记在党的十九届六中全会后的政治局专题民主生活会上，再一次阐述了深刻把握历史规律的重要性：对历史进程的认识越全面，对历史规律的把握越深刻，党的历史智慧越丰富，对前途的掌握就越主动。

正确的历史认知，包括对祖国悠久历史、深厚文化的理解和接受，这是人们爱国主义情感培育和发展的重要条件。实现“两个一百年”奋斗目标、实现中华民族伟大复兴的中国梦，需要充分发挥全党全国各族人民今天所具有的伟大智慧，也需要充分运用中华民族5000多年来积累的伟大智慧。中华民族的历史智慧是中国人民世世代代形成和积累的，我们要总结发扬，使之服务于实现中华民族伟大复兴的伟大事业。2012年11月，在国家博物馆参观《复兴之路》展览时，习近平总书记深刻指明：“实现中华民族伟大复兴，就是中华民族近代以来最伟大的梦想。”“作为中华民族伟大复兴的形象表达，中国梦为新时代坚持和发展中国特色社会主义注入新的精神内涵，成为凝聚中华民族团结奋斗的最大同心圆。”①

正确的历史认知，需要准确把握人类发展大潮流、世界变化大格局、中国发展大历史。在“两个一百年”奋斗目标的历史交汇点上审视中国与世界，可以发现正经历两个“重新认识”过程。一个“重新认识”，是指中国人民站了起来，特别是基于70多年来中国的飞速发展，中国人民重新认识外部世界，平视世界，从而能够全面深刻地认识世界大势，坚持推动构建人类命运共同体。另一个“重新认识”，是指随着中华民族伟大复兴进入了不可逆

① 新华社：《复兴之路　真理之光——深刻领悟习近平新时代中国特色社会主义思想实现马克思主义中国化新的飞跃》，《人民日报》2022年9月3日。

转的历史进程，某些西方政客在反复鼓吹“中国威胁论”“中国崩溃论”的喧嚣中表现出越来越强的“衰落焦虑”，在面对共同挑战过程中，中国表现出更强的制度优势和韧性，国际社会正在经历重新认识中国的过程。

正确的历史认知既包括对奋斗成就的认识，也包括对奋斗精神的认识。“中国共产党人的历史自信，既是对奋斗成就的自信，也是对奋斗精神的自信。”①这是正确的历史认知的重要组成部分。回望百年，我们党什么样的困难没有经历过，什么样的挑战没有遇到过？我们党在人民支持下，依靠自己的力量战胜困难、修正错误、走向光明，可以说是几度绝处逢生、几度柳暗花明。正是在这样的千锤百炼中，我们党愈益强大和成熟起来。正是党领导人民不懈奋斗、不断进取，成功开辟了实现中华民族伟大复兴的正确道路，以自强不息的奋斗深刻改变了世界发展的趋势和格局。一百多年来，党坚持性质宗旨，坚持理想信念，坚守初心使命，勇于自我革命，在生死斗争和艰苦奋斗中经受住各种风险考验、付出巨大牺牲，锤炼出鲜明政治品格，形成了以伟大建党精神为源头的精神谱系，保持了党的先进性和纯洁性，党的执政能力和领导水平不断提高，正领导中国人民在中国特色社会主义道路上不可逆转地走向中华民族伟大复兴。

中国人民在长期奋斗中培育、继承、发展起来的伟大民族精神，为中国发展和人类文明进步提供了强大精神动力。中国人民是具有伟大创造精神的人民。今天，中国人民的创造精神正在前所未有地迸发出来。中国人民是具有伟大奋斗精神的人民。今天，中国人民拥有的一切，凝聚着中国人的聪明才智，浸透着中国人的辛勤汗水，蕴含着中国人的巨大牺牲。中国人民是具有伟大团结精神的人民。今天，中国取得的令世人瞩目的发展成就，更是全国各族人民同心同德、同心同向努力的结果。中国人民从亲身经历中深刻认

---

① 习近平：《以史为鉴、开创未来，埋头苦干、勇毅前行》，《求是》2022 年第 1 期。

识到，团结就是力量，团结才能前进，一个四分五裂的国家不可能发展进步。中国人民是具有伟大梦想精神的人民。今天，中国人民比历史上任何时期都更接近、更有信心和能力实现中华民族伟大复兴。

三、开放包容让中华文明不断焕发出生命力

中华文明自古就以开放包容闻名于世，在同其他文明的交流互鉴中不断焕发新的生命力。中华文明5000多年发展史充分说明，无论是物种、技术，还是资源、人群，甚至于思想、文化，都是在不断传播、交流、互动中得以发展、得以进步的。我们要用文明交流交融破解“文明冲突论”。要坚持弘扬平等、互鉴、对话、包容的文明观，以宽广胸怀理解不同文明对价值内涵的认识，尊重不同国家人民对自身发展道路的探索，以文明交流超越文明隔阂，以文明互鉴超越文明冲突，以文明共存超越文明优越，弘扬中华文明蕴含的全人类共同价值，推动构建人类命运共同体。

中华文明是在中国大地上产生的文明，也是同其他文明不断交流互鉴而形成的文明。自古以来，中华民族就以“天下大同”“协和万邦”的宽广胸怀，自信而又大度地开展同域外民族交往和文化交流，曾谱写了万里驼铃万里波的浩浩丝路长歌，也曾创造了万国衣冠会长安的盛唐气象。正是“天行健，君子以自强不息；地势坤，君子以厚德载物”的变革和开放精神，使中华文明成为人类历史上唯一一个绵延5000多年至今未曾中断的灿烂文明。在长期演化过程中，中华文明从与其他文明的交流中获得了丰富营养，也为人类文明进步作出了重要贡献。丝绸之路的开辟，遣隋遣唐使大批来华，法显、玄奘西行取经，郑和七下远洋，等等，都是中外文明交流互鉴的生动事例。

中华文明是在同其他文明不断交流互鉴中形成的开放体系。从历史上的佛教东传、“伊儒会通”，到近代以来的“西学东渐”、新文化运动、马克思主义

和社会主义思想传入中国，再到改革开放以来全方位对外开放，中华文明始终在兼收并蓄中历久弥新。亲仁善邻、协和万邦是中华文明一贯的处世之道，惠民利民、安民富民是中华文明鲜明的价值导向，革故鼎新、与时俱进是中华文明永恒的精神气质，道法自然、天人合一是中华文明内在的生存理念。

世界文明历史揭示了一个规律：任何一种文明都要与时偕行，不断吸纳时代精华。我们应该用创新增添文明发展动力、激活文明进步的源头活水，不断创造出跨越时空、富有永恒魅力的文明成果。激发人们创新创造活力，最直接的方法莫过于走入不同文明，发现别人的优长，启发自己的思维。多样带来交流，交流孕育融合，融合产生进步。每一种文明都扎根于自己的生存土壤，凝聚着一个国家、一个民族的非凡智慧和精神追求，都有自己存在的价值。人类只有肤色语言之别，文明只有姹紫嫣红之别，但绝无高低优劣之分。一切生命有机体都需要新陈代谢，否则生命就会停止。文明也是一样，如果长期自我封闭，必将走向衰落。只有同其他文明交流互鉴、取长补短，才能保持旺盛生命活力。文明交流互鉴应该是对等的、平等的，应该是多元的、多向的，而不应该是强制的、强迫的，不应该是单一的、单向的。文明永续发展，既需要薪火相传、代代守护，更需要顺时应势、推陈出新。

2019 年，习近平总书记在敦煌研究院座谈时指出，回顾历史，只有中华民族这样的具有开放包容胸怀的民族，才会容纳世界不同文明在此交融交汇。只有充满自信的文明，才会在保持自己民族特色的同时包容、借鉴、吸收各种不同文明。敦煌文化集建筑艺术、彩塑艺术、壁画艺术、佛教文化于一身，历史底蕴雄浑厚重，文化内涵博大精深，艺术形象美轮美奂。敦煌文化延续近 2000 年，是世界现存规模最大、延续时间最长、内容最丰富、保存最完整的艺术宝库，是世界文明长河中的一颗璀璨明珠，也是研究我国古代各民族政治、经济、军事、文化、艺术的珍贵史料。敦煌作为中国通向西域的重要门户，古代中国文明同来自古印度、古希腊、古波斯等不同国家和地区的思想、宗教、艺术、文化在这里汇聚交融。中华文明以海纳百川、开放包容的广阔胸襟，不断吸收借鉴域外优秀文明成果，造就了独具特色的敦煌文化和丝路精神。习近平总书记在座谈时引用了季羡林先生的话：“敦煌文化的灿烂，正是世界各族文化精粹的融合，也是中华文明几千年源远流长不断融会贯通的典范。”

一切生命有机体都需要新陈代谢，否则生命就会停止。文明也是一样，如果长期自我封闭，必将走向衰落。交流互鉴是文明发展的本质要求。只有同其他文明交流互鉴、取长补短，才能保持旺盛生命活力。今天，我们要铸就中华文化新辉煌，就要以更加博大的胸怀，更加广泛地开展同各国的文化交流，更加积极主动地学习借鉴世界一切优秀文明成果。坚持从本国本民族实际出发取长补短、择善而从，在去粗取精、去伪存真前提下兼收并蓄。文明交流互鉴应该是对等的、平等的，应该是多元的、多向的，而不应该是强制的、强迫的，不应该是单一的、单向的。我们应该以海纳百川的宽广胸怀打破文化交往的壁垒，以兼收并蓄的态度汲取其他文明的养分，促进人类文明在交流互鉴中共同前进。

应对人类面对共同挑战、迈向美好未来，既需要经济科技力量，也需要文化文明力量。共建“一带一路”，加强文明对话，倡导“和平合作、开放包容、互学互鉴、互利共赢”的丝路精神，就是在新的历史条件下加强同世界各国的合作交流、促进各国文明对话和文化交流的重要举措。

第二节　在促进文明交流互鉴中推动人类进步

文明因交流而多彩，文明因互鉴而丰富。文明交流互鉴，是推动人类文明进步和世界和平发展的重要动力。世界是在人类各种文明交流交融中成为今天这个样子的。推进人类各种文明交流交融、互学互鉴，是让世界变得更加美丽、各国人民生活得更加美好的必由之路。面对当今世界，要积极推动中外文明交流互鉴，促进中外民众相互了解和理解，这就包括要讲述好中国故事、传播好中国声音，为实现中国梦营造良好环境。在中国共产党第二十次全国代表大会上，习近平总书记代表中国再次真诚呼吁，世界各国弘扬和平、发展、公平、正义、民主、自由的全人类共同价值，促进各国人民相知相亲，尊重世界文明多样性，以文明交流超越文明隔阂、文明互鉴超越文明冲突、文明共存超越文明优越，共同应对各种全球性挑战。

一、提出全球文明倡议，促进文明交流互鉴

2023 年 3 月，习近平再次向各国政党强调：“中国共产党将致力于推动文明交流互鉴，促进人类文明进步。”在中国共产党看来，“在各国前途命运紧密相连的今天，不同文明包容共存、交流互鉴，在推动人类社会现代化进程、繁荣世界文明百花园中具有不可替代的作用”。因此，继提出全球发展倡议、全球安全倡议之后，中国又提出全球文明倡议。

文明是人类社会的基本标志，多样性是人类文明的基本特征，交流互鉴是人类文明发展的基本要求。文明因多样而交流，因交流而互鉴，因互鉴而发展。中国人民不仅要自己过上好日子，还追求天下大同。中国坚信并努力促进文明交流互鉴，推动人类文明进步。中国向国际社会提出：“我们要通过推动跨国界、跨时空、跨文明的交流互鉴活动，促进各国人民相互了解、相互理解、相互支持、相互帮助，在世界各国人民心灵中坚定和平理念、坚定共同发展理念，形成防止和反对战争、推动共同发展的强大力量。”文明是包容的，人类创造的文明都是劳动和智慧的结晶，一切文明成果都值得尊

重，一切文明成果都要珍惜。文明互鉴是给国际社会提供一种选择，不是让别人照搬。正如习近平主席所说："国与国之间的确存在相互不理解的问题，但这就是生活。既然世界上存在着不同的民族、历史、文化、宗教、制度、发展水平、生活方式，那就肯定会存在一些相互不那么好理解的事情。但是，我认为，一切看上去不可理解的事情都是可以理解的，关键是要想去理解并努力去理解，而不要排斥。丰富多彩的人类文明都有自己存在的价值。本国本民族要珍惜和维护自己的思想文化，也要承认和尊重别国别民族的思想文化。强调承认和尊重本国本民族的文明成果，不是要搞自我封闭，更不是要搞唯我独尊。"①我们要加强世界上不同国家、不同民族、不同文化的交流互鉴，夯实共建亚洲命运共同体、人类命运共同体的人文基础。

促进文明交流互鉴，我们要积极传播中华文化，加强各国各地区各民族的文化交流，增进民心相通，共同构建人类命运共同体，共同创造更多更优秀的人类文明成果。要讲清楚中国是什么样的文明和什么样的国家，讲清楚中国人的宇宙观、天下观、社会观、道德观，展现中华文明的悠久历史和人文底蕴，促使世界读懂中国、读懂中国人民、读懂中国共产党、读懂中华民族。通过讲好中国故事、讲好中国共产党故事，讲好我们正在经历的新时代故事，展现可信、可爱、可敬的中国形象，推动中华文化更好走向世界，增强中华文明传播力影响力。中国共产党百年不懈奋斗的成就与经验，新中国的成就和经验，当代中国发展实践等本身就给人类文明交流互鉴提供了养料。中国共产党领导人民成功推进和拓展中国式现代化，创造了人类文明新形态，拓展了发展中国家走向现代化的途径，给世界上那些既希望加快发展又希望保持自身独立性的国家和民族提供了全新选择。这本身就为文明多样

---

① 《习近平接受〈华尔街日报〉采访时强调　坚持构建中美新型大国关系正确方向　促进亚太地区和世界和平稳定发展》，《人民日报》2015 年 9 月 23 日。

性和交流互鉴作出了贡献。

在联合国教科文组织总部的演讲中，习近平主席呼吁国际社会："对待不同文明，我们需要比天空更宽阔的胸怀。文明如水，润物无声。我们应该推动不同文明相互尊重、和谐共处，让文明交流互鉴成为增进各国人民友谊的桥梁、推动人类社会进步的动力、维护世界和平的纽带。我们应该从不同文明中寻求智慧、汲取营养，为人们提供精神支撑和心灵慰藉，携手解决人类共同面临的各种挑战。"并提出了"中国建议"："我们要积极发展教育事业，通过普及教育，启迪心智，传承知识，陶冶情操，使人们在持续的格物致知中更好认识各种文明的价值，让教育为文明传承和创造服务。我们要大力发展科技事业，通过科技进步和创新，认识自我，认识世界，改造社会，使人们在持续的天工开物中更好掌握科技知识和技能，让科技为人类造福。我们要大力推动文化事业发展，通过文化交流，沟通心灵，开阔眼界，增进共识，让人们在持续的以文化人中提升素养，让文化为人类进步助力。"①

促进文明交流互鉴，就要善于讲好中国故事。故事是促进文明交流互鉴的最好载体之一。讲好一个好故事，既可借物喻事、润物无声，也可以事说理，发人深省。在现实生活中，人们常常通过讲故事，在叙述事实之中沟通感情、表达观点、促进交流。故事也是体现思想力量和精神力量的最好载体之一。好的故事并不是单纯意义上的故事。在重要的政治场合讲故事，是以故事为载体来表达深刻的思想。而在国际传播中，故事就更加成为牵动关注、表达观点、设置话题、改变态势的可用又好用的抓手。因此，促进文明交流互鉴，不仅要讲好中国故事，也要选好、讲好国际社会不同文明背景下听众乐于接受和易于理解的故事，让更多国外受众听得懂、听得进、听得

---

① 习近平：《文明交流互鉴是推动人类文明进步和世界和平发展的重要动力》，《求是》2019年第9期。

明白。让他们能够心领神会，从而促进中外交流合作、深化文明交流互鉴。2022 年 9 月开启中亚之行前，习近平主席在乌兹别克斯坦媒体发表的署名文章中，讲述了唐代高僧玄奘描绘撒马尔罕美景的故事。“土地沃壤，稼穑备植，林树蓊郁，花果滋茂，多出善马。”两国上千年友好交往的历史，从故事中扑面走来。在海上交通枢纽新加坡，习近平主席谈起当地博物馆里的郑和宝船模型；在佛教起源之地印度，习近平主席提及白马驮经的典故；在丝绸之路上的伊朗，习近平主席说到中国使者张骞的副使曾在此受到隆重接待。在英国伦敦金融城市长晚宴上，习近平主席讲起同一时代的东西方两位戏剧大师莎士比亚与汤显祖。他告诉英国听众，每个读过莎士比亚作品的人，不仅能够感受到他卓越的才华，而且能够得到深刻的人生启迪。中国明代剧作家汤显祖被称为“东方的莎士比亚”，所创作的《牡丹亭》《紫钗记》《南柯记》《邯郸记》等戏剧享誉世界。[①]2015 年 9 月，在美国西雅图，习近平主席讲起了海明威：“海明威《老人与海》对狂风和暴雨、巨浪和小船、老人和鲨鱼的描写给我留下了深刻印象。我第一次去古巴，专程去了海明威当年写《老人与海》的栈桥边。第二次去古巴，我去了海明威经常去的酒吧，点了海明威爱喝的朗姆酒配薄荷叶加冰块。我想体验一下当年海明威写下那些故事时的精神世界和实地氛围。我认为，对不同的文化和文明，我们需要去深入了解。”[②]2013 年 3 月，习近平主席在坦桑尼亚尼雷尔国际会议中心发表题为《永远做可靠朋友和真诚伙伴》的演讲中说，近年来，随着中非关系发展，中非人民越走越近。一些非洲朋友活跃在中国文艺舞台上，成了中国家喻户晓的明星。中国电视剧《媳妇的美好时代》在坦桑尼亚热播，使坦桑

① 中国新闻网：《面向世界，习近平如何讲故事?》，2022 年 9 月 27 日，见 https://m.chinanews.com/wap/detail/chs/zw/9861744.shtml。

② 新华社：《习近平的读书故事》，2022 年 4 月 22 日，见 http://www.news.cn/politics/leaders/2022-04/22/c_1128587045.htm。

尼亚观众了解到中国老百姓家庭生活的酸甜苦辣。

2013 年 3 月，习近平主席在刚果共和国议会发表题为《共同谱写中非人民友谊新篇章》的演讲时，特别讲到 2010 年 4 月中国青海玉树发生强烈地震后，刚果政府向灾区捐建了一所小学，萨苏总统亲自将其命名为“中刚友谊小学”。并说：“该校全体学生在写给萨苏总统的感谢信中动情地说：‘鸟儿因为有了天空的广阔而更加自由，骏马因为有了草原的宽广而更加健壮，鲜花因为有了阳光雨露而更加艳丽，我们的生活因为有了刚果政府和人民的帮助而更加美好。’”故事的背景是，2010 年 4 月底在参加上海世博会开幕式时，刚果共和国总统萨苏表示希望在刚发生地震的玉树灾区捐建一所小学。中方考虑到玉树位于青藏高原，捐建一所完整的寄宿小学成本较高、对刚果负担较重，因此建议仅捐建一座教学楼或图书馆。但萨苏随即表示：“不，刚果要捐建的是一所小学，一所完整的小学，不管造价多高，刚果都会承担。”经双方协商，刚果共和国捐赠 1600 万元人民币用于建设中刚友谊小学。学校占地面积是震前孤儿学校的 4 倍多、校舍面积是之前的近 7 倍。学校拥有现代化的教学楼和配套设施，能满足 240 名学生的就读需求。①

选择好的故事，是讲好中国故事、促进文明交流互鉴的重要前提。发掘好的中国故事，是讲好中国故事的基础。什么是好的中国故事？好故事首先是中国人的故事，普通中国人的故事一样可以承载大主题；其次是有利于跨文化传播，甚至是让国外受众没有多少背景知识也很容易理解认同的。2021 年，云南 15 头野象迁徙的故事曾成为国际传播的关注焦点。野象寻食、嬉戏、侧卧而眠等画面打动了很多人，中国人如何对待野象迁徙、中国是什么国家等，也借着野象迁徙这个故事传播开来。可用于国际传播的好故事，在

---

① 新华社：《听！习近平讲非洲故事》，2018 年 9 月 1 日，见 https://baijiahao.baidu.com/s?id=1610370247867576562&wfr=spider&for=pc。

传统的好故事标准之外，还要一看体现度，看是否足以帮助国外民众认识到中国共产党真正为中国人民谋幸福而奋斗，了解中国共产党为什么能、马克思主义为什么行、中国特色社会主义为什么好；二看承载度，看是否足以帮助展现中国故事及其背后的思想力量和精神力量；三看感染力，看是否足以体现具有中国特色、体现中国精神、蕴藏中国智慧的优秀文化。

把好的故事讲好，是实现国际传播效果的底线标准。把中国故事讲好，在作为顶层设计所要构建的具有鲜明中国特色的战略传播体系中处在非常重要的地位。如何把好的中国故事讲好，习近平总书记关于加强和改进国际传播工作提出了一系列要求和标准，一是从总体上要展示真实、立体、全面的中国；二是从能力上要加快构建中国话语和中国叙事体系，用中国理论阐释中国实践，用中国实践升华中国理论，打造融通中外的新概念、新范畴、新表述；三是在实践层面要注重把握好基调，既开放自信也谦逊谦和，努力塑造可信、可爱、可敬的中国形象；四是在传播策略层面要善于运用各种生动感人的事例，说明中国发展本身就是对世界的最大贡献、为解决人类问题贡献了智慧；五是要深入开展各种形式的人文交流活动，通过多种途径推动我国同各国的人文交流和民心相通。①

善于让国内外合适的人讲合适的故事，是国际传播的大智慧、大策略。这不仅要采用贴近不同区域、不同国家、不同群体受众的精准传播方式，推进中国故事和中国声音的全球化表达、区域化表达、分众化表达，增强国际传播的亲和力和实效性。还要广交朋友，不断扩大知华友华的国际舆论朋友圈。更要善于让国内外合适的人讲好中国故事，传递中国声音。这也是促进人类文明交流互鉴的重要体现。

---

① 《习近平在中共中央政治局第三十次集体学习时强调，加强和改进国际传播工作，展示真实立体全面的中国》，《人民日报》2021年6月2日。

二、美人之美，美美与共，推动人类发展进步

促进文明交流互鉴、推动人类文明进步，就是中国不断为人类作出更大贡献的重要体现。文明是多彩的，一个国家和民族的文明是一个国家和民族的集体记忆，不论是中华文明，还是世界上存在的其他文明，都是人类文明创造的成果。世界是丰富多彩的，多样性是人类文明的魅力所在，更是世界发展的活力和动力之源。文明没有高下、优劣之分，只有特色、地域之别，只有在交流中才能融合，在融合中才能进步。每一种文明都是美的结晶，都彰显着创造之美。一切美好的事物都是相通的。人们对美好事物的向往，是任何力量都无法阻挡的！各种文明本没有冲突，只是要有欣赏所有文明之美的眼睛。我们既要让本国文明充满勃勃生机，又要为他国文明发展创造条件，让世界文明百花园群芳竞艳。

文明是多彩的，人类文明因多样才有交流互鉴的价值。文明交流互鉴不应该以独尊某一种文明或者贬损某一种文明为前提。推动文明交流互鉴，可以丰富人类文明的色彩，让各国人民享受更富内涵的精神生活、开创更有选择的未来。文明是平等的，人类文明因平等才有交流互鉴的前提。各种人类文明在价值上是平等的，都各有千秋，也各有不足。世界上不存在十全十美的文明，也不存在一无是处的文明，文明没有高低、优劣之分。要了解各种文明的真谛，必须秉持平等、谦虚的态度。如果居高临下对待一种文明，不仅不能参透这种文明的奥妙，而且会与之格格不入。历史和现实都表明，傲慢和偏见是文明交流互鉴的最大障碍。文明是包容的，人类文明因包容才有交流互鉴的动力。海纳百川，有容乃大。人类创造的各种文明都是劳动和智慧的结晶。每一种文明都是独特的。在文明问题上，生搬硬套、削足适履不仅是不可能的，而且是十分有害的。一切文明成果都值得尊重，一切文明成果都要珍惜。只有交流互鉴，一种文明才能充满生命力。只要秉持包容精

神，就不存在什么“文明冲突”，就可以实现文明和谐。

文明因交流而多彩、因互鉴而丰富、因互鉴而发展的理念，是洞察人类历史所得出的大智慧，深刻体现了中国把文明交流互鉴视为推动人类文明进步和世界和平发展重要动力的认知背后的内在逻辑。因此，必须秉持文明因多样而交流、因交流而互鉴、因互鉴而发展的理念，在美人之美、美美与共中促进文明交流互鉴，推动世界繁荣发展。中国坚持开放包容。主张不同国家、不同民族、不同文化和谐共处、互学互鉴，倡导文明对话、求同存异，愿同更多志同道合的国家和国际组织建立伙伴关系和发展互利合作。我们要坚持弘扬平等、互鉴、对话、包容的文明观，以宽广胸怀理解不同文明对价值内涵的认识，尊重不同国家人民对自身发展道路的探索，以文明交流超越文明隔阂，以文明互鉴超越文明冲突，以文明共存超越文明优越，弘扬全人类共同价值。

进入新时代，中外文明交流互鉴蓬勃发展，“各美其美、美美与共”的中国理念不断深入人心。中国提出了实施亚洲旅游促进计划、亚洲文化遗产保护行动、促进“一带一路”人文交流等重大倡议，举办了中美旅游年、中国意大利文化和旅游年、中法文化旅游年、中国希腊文化和旅游年、中国西班牙文化和旅游年、中日文化体育交流促进年、中韩文化交流年、中英共同纪念汤显祖和莎士比亚逝世400周年、墨西哥“中国文化年”等重大举措。习近平主席曾出席南非“中国年”、中拉文化交流年、中埃（及）文化年、中缅文化和旅游年、金砖国家文化节、上合组织峰会文艺演出、中非合作论坛文艺演出、第二届“一带一路”国际合作高峰论坛欢迎晚宴文艺演出、中俄建交70周年庆祝大会文艺演出、葡萄牙“东风西韵—紫禁城与海上丝绸之路”展览等重要活动；为斯里兰卡、澳大利亚、巴基斯坦、新加坡、柬埔寨、越南中国文化中心揭牌；向中美旅游年、中国南非国家年、第三届和第四届阿拉伯艺术节、中国—老挝旅游年、中国—太平洋岛国旅游年、中日高级别人文交流磋商机制首次会议、中国文莱旅游年、中国意大利文化和旅游年、2021“一带一路”·长城国际民间文化艺术节、“意大利之源——古罗马文明展”开幕式致贺信贺词。这十年，中国持续深化与联合国教科文组织、联合国世界旅游组织合作，我国列入联合国教科文组织非物质文化遗产名录、名册的项目总量居世界首位，中文成为世界旅游组织官方语言，“绿水青山就是金山银山”理念成为世界旅游发展的共识。这十年，“欢乐春节”活动年均在130余个国家举办约2000场活动，成为我国与世界人民共享传统节日的重要桥梁。① 在交流互鉴中，中国为国际文化治理贡献中国智慧，向世界表达中国文化主张，与世界人民共享文化成果。

作为推动人类文明交流互鉴的具体行动之一，2019年5月，在北京举办了亚洲文明对话大会。习近平主席在亚洲文明对话大会开幕式上发表题为《深化文明交流互鉴　共建亚洲命运共同体》的主旨演讲。在演讲中，他回顾历史、展望世界，阐明了“文明因多样而交流，因交流而互鉴，因互鉴而发展”的深刻哲理，就加强世界上不同国家、不同民族、不同文化的交流互鉴，夯实共建亚洲命运共同体、人类命运共同体的人文基础，提出了加强文明交流互鉴的“中国方案”：坚持相互尊重、平等相待。我们应该秉持平等和尊重，摒弃傲慢和偏见，加深对自身文明和其他文明差异性的认知，推动不同文明交流对话、和谐共生。“坚持美人之美、美美与共。”我们既要让本国文明充满勃勃生机，又要为他国文明发展创造条件，让世界文明百花园群芳竞艳。“坚持开放包容、互学互鉴。”我们应该以海纳百川的宽广胸怀打破文化交往的壁垒，以兼收并蓄的态度汲取其他文明的养分，促进亚洲文明在交流互鉴中共同前进。“坚持与时俱进、创新发展。”我们应该用创新增添文

① 《对外文化和旅游交流合作这十年：引领文明交流互鉴，为世界文明发展进步汇聚力量》，2022年10月15日，见https://baijiahao.baidu.com/s?id=1746717068534028 008&wfr=spider&for=pc。

明发展动力、激活文明进步的源头活水，不断创造出跨越时空、富有永恒魅力的文明成果。

在这次讲话中，习近平主席充满诗意和哲理地描述了亚洲文明与世界文明如何交流互鉴而发展。璀璨的亚洲文明，为世界文明发展史书写了浓墨重彩的篇章，人类文明因亚洲而更加绚烂多姿。从宗教到哲学、从道德到法律、从文学到绘画、从戏剧到音乐、从城市到乡村，亚洲形成了覆盖广泛的世俗礼仪、写下了传承千年的不朽巨著、留下了精湛深邃的艺术瑰宝、形成了种类多样的制度成果，为世界提供了丰富的文明选择。在阐述了亚洲文明对人类的贡献后提出："我们应该增强文明自信，在先辈们铸就的光辉成就的基础上，坚持同世界其他文明交流互鉴，努力续写亚洲文明新辉煌。"这个描述、评价和倡议本身就体现了"坚持美人之美、美美与共"的主张。既讲求参差多态、各美其美，又注重美美与共、天下大同，这是不同文明和谐发展、和平共处的秘诀和智慧所在。

美人之美而和合共生。人类创造的各种文明都是劳动和智慧的结晶。每一种文明都是独特的。人类文明没有高低优劣之分，因为平等交流而变得丰富多彩，正所谓"五色交辉，相得益彰；八音合奏，终和且平"。每一个国家和民族的文明都扎根于本国本民族的土壤之中，都有自己的本色、长处、优点。我们应该维护各国各民族文明多样性，加强相互交流、相互学习、相互借鉴，而不应该相互隔膜、相互排斥、相互取代，这样世界文明之园才能万紫千红、生机盎然。文明没有高下、优劣之分，只有特色、地域之别。文明差异不应该成为世界冲突的根源，而应该成为人类文明进步的动力。每种文明都有其独特魅力和深厚底蕴，都是人类的精神瑰宝。我们要树立平等、互鉴、对话、包容的文明观，以文明交流超越文明隔阂，以文明互鉴超越文明冲突，以文明共存超越文明优越。

美美与共而天下大同。文明的活力在于交往交流交融。不同文明、制度、道路的多样性及交流互鉴可以为人类社会进步提供强大动力。我们应该少一点傲慢和偏见、多一些尊重和包容，拥抱世界的丰富多样，努力做到求同存异、取长补短，谋求和谐共处、合作共赢。一切生命有机体都需要新陈代谢，否则生命就会停止。文明也是一样，如果长期自我封闭，必将走向衰落。交流互鉴是文明发展的本质要求。只有同其他文明交流互鉴、取长补短，才能保持旺盛生命活力。

人类是一个整体，地球是一个家园。任何人、任何国家都无法独善其身。人类应该和衷共济、和合共生，朝着构建人类命运共同体方向不断迈进，共同创造更加美好未来。正是因为秉持这样的理念，中国通过各种方式积极促进人类文明交流互鉴。中国推动构建人类命运共同体，不是以一种制度代替另一种制度，不是以一种文明代替另一种文明，而是不同社会制度、不同意识形态、不同历史文化、不同发展水平的国家在国际事务中利益共生、权利共享、责任共担，形成共建美好世界的最大公约数。

在亚洲文明对话大会上，中国还向国际社会展现了具体行动："中国愿同各国开展亚洲文化遗产保护行动，为更好传承文明提供必要支撑。""中国愿同有关国家一道，实施亚洲经典著作互译计划和亚洲影视交流合作计划，帮助人们加深对彼此文化的理解和欣赏，为展示和传播文明之美打造交流互鉴平台。""中国愿同各国加强青少年、民间团体、地方、媒体等各界交流，打造智库交流合作网络，创新合作模式，推动各种形式的合作走深走实，为推动文明交流互鉴创造条件。"激发人们创新创造活力，最直接的方法莫过于走入不同文明，发现别人的优长，启发自己的思维。这是促进中外文明交流互鉴的重要力量。

三、回答人类共同课题，促进世界和平发展

当今世界正经历百年未有之大变局。百年未有之大变局既是外部环境的巨大变化，也是人类共同课题。面对“世界怎么了、我们怎么办”的世纪之问，① 习近平同志提出，要具备战略眼光，树立全球视野，努力在这场百年未有之大变局中把握航向。

21 世纪以来，一大批新兴市场国家和发展中国家快速发展，世界多极化加速发展，国际格局日趋均衡，国际潮流大势不可逆转。当今世界正在经历百年未有之大变局，实现中华民族伟大复兴正处于关键时期，世界社会主义事业面临着新的发展机遇。但国际环境不稳定性不确定性明显上升，全球产业链供应链因非经济因素而面临冲击，国际经济、科技、文化、安全、政治等格局都在发生深刻调整，世界进入动荡变革期，今后一个时期我们将面对更为复杂多变的外部环境，甚至我们将面对更多逆风逆水的外部环境，必须做好应对一系列新的风险挑战的准备，我们必须在一个更加不稳定不确定的世界中谋求我国发展。

在百年未有之大变局中，如何于危机中育先机、于变局中开新局？首先要看到中国的领导力和制度优势。国与国的竞争日益激烈，归根结底是国家制度的竞争。中国发展呈现出“风景这边独好”的局面，这其中很重要的原因就是我国国家制度和法律制度具有显著优越性和强大生命力。这是我们坚定“四个自信”的一个基本依据。其次，我们要从各种乱象中看清实质，从历史的维度中把握规律。这就要具备战略眼光，树立全球视野，既要有风险忧患意识，又要有历史机遇意识，努力在这场百年未有之大变局中把握航

① 2017 年 1 月 18 日习近平总书记在联合国日内瓦总部的演讲时，提出“世界怎么了、我们怎么办”；2019 年 3 月 26 日在中法全球治理论坛闭幕式上的讲话中说：两年前，我在联合国日内瓦总部演讲时，发出“世界怎么了、我们怎么办”之问。

向。了解历史才能看得远，理解历史才能走得远。要胸怀中华民族伟大复兴战略全局和世界百年未有之大变局，树立大历史观，从历史长河、时代大潮、全球风云中分析演变机理、探究历史规律，提出因应的战略策略，增强工作的系统性、预见性、创造性。第三，既要集中精力办好自己的事，又要积极参与全球治理。当今世界正经历百年未有之大变局，中国同世界的关系也在发生历史性变化。作为拥有 14 亿多人口的大国，中国做好自己的事，就是对人类社会最大的贡献。要统筹中华民族伟大复兴战略全局和世界百年未有之大变局，立足国内，放眼世界，深刻认识错综复杂的国际局势对我国的影响，既保持战略定力又善于积极应变，既集中精力办好自己的事，又积极参与全球治理、为国内发展创造良好环境。第四，必须发扬斗争精神，增强斗争本领。我们党领导的伟大斗争、伟大工程、伟大事业、伟大梦想正在如火如荼进行，改革发展稳定任务艰巨繁重，我们面临着难得的历史机遇，也面临着一系列重大风险考验。胜利实现我们党确定的目标任务，必须发扬斗争精神，增强斗争本领，敢于斗争，善于斗争，逢山开道、遇水架桥，勇于战胜一切风险挑战！

在百年未有之大变局中，要实现“于危机中育先机、于变局中开新局”，必须构建新发展格局。面对世界百年未有之大变局，面对国内外发展环境发生的深刻复杂变化，我们要走一条更高水平的自力更生之路，实施更高水平的改革开放，加快构建以国内大循环为主体、国内国际双循环相互促进的新发展格局。如何看待新发展格局在中国发展中的历史地位，集中体现在“两个战略抉择”上。构建新发展格局，是与时俱进提升我国经济发展水平的战略抉择，也是塑造我国国际经济合作和竞争新优势的战略抉择。

在百年未有之大变局中，要实现“于危机中育先机、于变局中开新局”，构建新发展格局，必须向科技创新要答案。科技创新成为国际战略博弈的主要战场，围绕科技制高点的竞争空前激烈。我们必须保持强烈的忧患意识，做好充分的思想准备和工作准备。要在科技创新这个国际战略博弈主要战场赢得竞争，提升科技能力就是关键。有了科技能力水平的提升，才能有科技的大发展，进而有经济社会各方面的大发展。党的十九届五中全会通过的《中共中央关于制定国民经济和社会发展第十四个五年规划和二〇三五年远景目标的建议》中12个方面重大任务部分，“坚持创新驱动发展”居于首位，别具深意，表明我们党对创新发展的极端重视。大变局下的大国博弈中，更坚定我们走科技自立自强的创新发展道路的决心。

党的十八大以来，我国科技加速发展，国家创新体系更加健全，创新能力大幅提升，涌现了一批重大科技成果。创新型国家建设取得决定性进展。一是科技的原始创新能力大幅提升。中国基础研究投入快速增长，年均增幅达到16.9%，基础研究占研发投入比重首次超过了6%。基础研究水平大幅提升，化学、材料、物理等学科处在世界前列，取得了一批以量子通信、铁基超导、干细胞为代表的重大原创性科技成果。基础研究投入从2012年的499亿元提高到2021年的1817亿元，全社会研发投入比例从4.8%提升至6.5%。① 二是科技的战略前沿突破能力大幅跃升。深海、深空、深地、深蓝等领域不断取得重大进展。中国航天员首次进驻自己的空间站，“天问一号”成功着陆火星，“嫦娥四号”首次登陆月球背面，“嫦娥五号”实现地外天体采样，“奋斗者号”成功坐底，“天鲲号”首航成功。三是科技的体系化建设能力大幅提升。中国加快建设国家实验室，重组国家重点实验室体系，散裂中子源等科技基础设施建设成功，为高水平科学研究提供支撑。科技人才队伍不断发展壮大，2019年全社会研发人员总量达到712.93万人，是2015年的1.3倍。每万名就业人中就有研发人员62人年。四是研发主体的创新

---

① 中国新闻网：《全国科技工作会议：全社会研发经费支出10年间从1万亿元增至2.8万亿元》，2022年12月30日，见 https://baijiahao.baidu.com/s?id=1753649110491853547&wfr=spider&for=pc。

能力大幅提升。企业创新主体地位进一步增强，研发经费已占全国总额的76.4%，是科技投入的主体；技术合同及成交额占全国总额的91.5%，是技术输出的主体。涌现出一批创新型领军企业，科技型中小企业、高新技术企业均突破20万家。高校、科研院所创新活力进一步增强，2019年，3450家高校、科研院所签订技术合同近42万项，合同金额达到940亿元。五是科技的开放合作能力大幅提升。政府间科技合作稳步发展，深入实施科技合作伙伴计划。围绕可持续发展设立联合研发计划和创新基金，同50多个国家和地区开展联合研究，深度参与一批国际大科学工程，“一带一路”科技创新合作成效明显。国家重点研发计划基础前沿类专项、国家自然科学基金优青基金项目向港澳开放。2021年，我国研究与试验发展（R&D）经费支出27956亿元，为2012年的2.7倍，年均增长11.7%；研发经费支出与国内生产总值之比为2.44%，比2012年提高0.53个百分点，已接近OECD国家疫情前2.47%的平均水平。我国研发经费总量在2013年超过日本后，已成为世界第二大研发经费投入国。2021年，按折合全时工作量计算的全国研发人员总量为562万人年，比2012年增长73.1%，连续9年居世界第一。①

要在科技创新这个国际战略博弈主要战场赢得竞争，加强基础研究、提升原始创新能力是关键中的关键。基础研究是整个科学体系的源头。2018年1月31日，国务院出台了《关于全面加强基础科学研究的若干意见》，对全面加强基础科学研究作出部署。经过多年努力，我国基础研究整体水平大大提升，国际影响力也大幅提升。我国成为全球高质量科技论文第二大贡献国。在材料科学、化学、工程技术、数学、物理学等12个学科，我们高水平学术论文被引次数进入世界前两位。不仅在学科发展方面呈

---

① 国家统计局：《新理念引领新发展　新时代开创新局面——党的十八大以来经济社会发展成就系列报告之一》，2022年9月13日，见http://www.stats.gov.cn/xxgk/jd/sjjd2020/202209/t20220913_1888196.html。

现了良好态势，中国科技人才队伍不断壮大。2019 年，我国基础研究人员全时当量达到 39.2 万人年，入选“全球高被引科学家”人数不断增长，连续两年居世界第二。中国的科学家屡获国际各种重要科技奖项，在量子通信、物理学等重要研究领域取得一系列重要成果。同时，中国科研基地与平台建设取得了重要进展。已经持续推进建设了 500 多家国家重点实验室。近年来，已经优化调整形成 20 个国家科学数据中心、31 个国家生物种质和实验材料资源库、98 个国家野外科学观测研究站，磁约束核聚变、散裂中子源等一些大科学装置都投入了使用。这些科研基础条件和基础设施建设，为我们国家科学研究奠定了很好的基础，也催生了一系列重大科技成果，在量子信息、纳米科学、催化科学、干细胞合成生物学等前沿领域取得了一批有国际影响力的原创性成果；在电子信息、先进制造、新材料、新能源、现代农业、生命健康等关键技术领域，解决了一批制约产业发展的基础科学问题，为国家发展和安全提供了有力的科学支撑。

党的二十大报告强调：“教育、科技、人才是全面建设社会主义现代化国家的基础性、战略性支撑。必须坚持科技是第一生产力、人才是第一资源、创新是第一动力，深入实施科教兴国战略、人才强国战略、创新驱动发展战略，开辟发展新领域新赛道，不断塑造发展新动能新优势。”强调要加快建设世界重要人才中心和创新高地，聚天下英才而用之。面向未来，中国将为科学发展和人类文明进步作出更大贡献。

第六章

中国共产党走在时代前列具有重大全球影响力

新华社一篇报道里，描述了一个即使一瞥而过也难以忘怀的细节：2022年2月，习近平主席在人民大会堂东大厅会见到访的阿根廷总统费尔南德斯。会见结束，陪同的阿根廷驻华大使牛望道上前一步，用中文一字一顿对习近平主席说："没有共产党，就没有新中国！"①

中国共产党的百年奋斗锻造了走在时代前列的中国共产党。以党的自我革命引领社会革命，使中国共产党在革命性锻造中更加坚强有力，是新时代十年的伟大变革具有里程碑意义的五个标志之一。具有重大全球影响力，是中国共产党百年奋斗的世界历史意义体现。

作为已拥有9800多万名党员、领导着14亿多人口大国、具有重大全球影响力的世界第一大执政党，中国共产党领导是历史的选择、人民的选择，是党和国家的根本所在、命脉所在，是全国各族人民的利益所系、命运所系。全面建设社会主义现代化国家、全面推进中华民族伟大复兴，关键在党。习近平总书记在二十届中央纪委二次全会上发表重要讲话时强调指出："如何始终不忘初心、牢记使命，如何始终统一思想、统一意志、统一行动，

① 新华社：《为中国人民谋幸福，为中华民族谋复兴——党的十八大以来以习近平同志为核心的党中央治国理政纪实》，《人民日报》2022年10月15日。

如何始终具备强大的执政能力和领导水平，如何始终保持干事创业精神状态，如何始终能够及时发现和解决自身存在的问题，如何始终保持风清气正的政治生态，都是我们这个大党必须解决的独有难题。”正是因为中国共产党能够时刻保持解决大党独有难题的清醒和坚定，坚持性质宗旨，坚持理想信念，坚守初心使命，勇于自我革命，在生死斗争和艰苦奋斗中经受住各种风险考验，保持了党的先进性和纯洁性，党的执政能力和领导水平不断提高，始终走在时代前列。

中国共产党是为中国人民谋幸福、为中华民族谋复兴的党，也是为人类谋进步、为世界谋大同的党。中国共产党坚持胸怀天下，拓展世界眼光，深刻洞察人类发展进步潮流，积极回应各国人民普遍关切，为解决人类面临的共同问题作出贡献，以海纳百川的宽阔胸襟借鉴吸收人类一切优秀文明成果，推动建设更加美好的世界。正是因为中国共产党作为推动人类进步的重要力量，锚定正确的前进方向，担起为人民谋幸福、为人类谋进步的历史责任，从而具有重大全球影响力。

第一节　时刻保持解决大党独有难题的清醒和坚定

全面建设社会主义现代化国家、全面推进中华民族伟大复兴，关键在党。中国式现代化的本质要求，首先就是坚持中国共产党领导。前进道路上，必须牢牢把握的重大原则，第一条是坚持和加强党的全面领导。在党的二十大报告中，习近平总书记鲜明指出，我们党作为世界上最大的马克思主义执政党，要始终赢得人民拥护、巩固长期执政地位，必须时刻保持解决大党独有难题的清醒和坚定。党的二十大报告首次提出的“解决大党独有难题”，是对马克思主义建党学说的原创性发展，是对中国共产党如何始终走在时代前列的深刻洞察。

一、勇于自我革命，党在革命性锻造中更加坚强有力

先进的马克思主义政党不是天生的，而是在不断自我革命中淬炼而成的。勇于自我革命是中国共产党区别于其他政党的显著标志。自我革命精神是党永葆青春活力的强大支撑。注重分析和总结党在百年奋斗历程中对自我革命的研究和把握，既是贯穿十九届六中全会决议的一个重要内容，也深刻体现中国共产党是如何以勇于自我革命“解决大党独有难题”。中国共产党不仅发展全过程人民民主，接受人民监督，而且坚守初心使命、勇于自我革命。党的二十大报告开宗明义就要求坚持“三个务必”：“全党同志务必不忘初心、牢记使命，务必谦虚谨慎、艰苦奋斗，务必敢于斗争、善于斗争”。党的二十大报告并作出一系列战略部署：坚持和加强党中央集中统一领导；坚持不懈用习近平新时代中国特色社会主义思想凝心铸魂；完善党的自我革命制度规范体系；建设堪当民族复兴重任的高素质干部队伍；增强党组织政治功能和组织功能；坚持以严的基调强化正风肃纪；坚决打赢反腐败斗争攻坚战持久战。中国共产党始终把为中国人民谋幸福、为中华民族谋复兴作为自己的初心使命，勇于自我革命，在革命性锻造中更加坚强。

在党的十九届六中全会上，习近平总书记就勇于自我革命的意义作了发人深省的阐述：“我们党历史这么长、规模这么大、执政这么久，如何跳出治乱兴衰的历史周期率？毛泽东同志在延安的窑洞里给出了第一个答案，这就是‘只有让人民来监督政府，政府才不敢松懈’。经过百年奋斗特别是党的十八大以来新的实践，我们党又给出了第二个答案，这就是自我革

命。”[①]党的二十大报告中又一次强调，经过不懈努力，党找到了自我革命这一跳出治乱兴衰历史周期率的第二个答案，确保党永远不变质、不变色、不变味。

中国共产党始终强调，治国必先治党，治党务必从严。中国共产党清醒认识到，外部环境变化带来许多新的风险挑战，国内改革发展稳定面临不少长期没有解决的深层次矛盾和问题以及新出现的一些矛盾和问题，管党治党一度宽松软带来党内消极腐败现象蔓延、政治生态出现严重问题，党群干群关系受到损害，党的创造力、凝聚力、战斗力受到削弱，党治国理政面临重大考验。

以习近平同志为核心的党中央旗帜鲜明提出，党的领导是党和国家的根本所在、命脉所在，是全国各族人民的利益所系、命运所系，全党必须自觉在思想上政治上行动上同党中央保持高度一致，提高科学执政、民主执政、依法执政水平，提高把方向、谋大局、定政策、促改革的能力，确保充分发挥党总揽全局、协调各方的领导核心作用。党的领导是全面的、系统的、整体的，保证党的团结统一是党的生命；党中央集中统一领导是党的领导的最高原则，加强和维护党中央集中统一领导是全党共同的政治责任，坚持党的领导首先要旗帜鲜明讲政治，保证全党服从中央。党的十八届六中全会通过《关于新形势下党内政治生活的若干准则》，党中央出台中央政治局加强和维护党中央集中统一领导的若干规定，严明党的政治纪律和政治规矩，防止和反对个人主义、分散主义、自由主义、本位主义、好人主义等，发展积极健康的党内政治文化，推动营造风清气正的良好政治生态。党中央要求党的领导干部提高政治判断力、政治领悟力、政治执行力，胸怀“国之大者”，对党忠诚、听党指挥、为党尽责。健全党的领导制度体系，确保党在各种组织

---

① 习近平：《以史为鉴、开创未来，埋头苦干、勇毅前行》，《求是》2022年第1期。

中发挥领导作用。坚持民主集中制，建立健全党对重大工作的领导体制，强化党中央决策议事协调机构职能作用，完善推动党中央重大决策落实机制，严格执行向党中央请示报告制度，强化政治监督，深化政治巡视，查处违背党的路线方针政策、破坏党的集中统一领导问题，清除“两面人”，保证全党在政治立场、政治方向、政治原则、政治道路上同党中央保持高度一致。

办好中国的事情，关键在党，关键在党要管党、全面从严治党。必须以加强党的长期执政能力建设、先进性和纯洁性建设为主线，以党的政治建设为统领，以坚定理想信念宗旨为根基，以调动全党积极性、主动性、创造性为着力点，不断提高党的建设质量，把党建设成为始终走在时代前列、人民衷心拥护、勇于自我革命、经得起各种风浪考验、朝气蓬勃的马克思主义执政党。以永远在路上的清醒和坚定，坚持严的主基调，突出抓住“关键少数”，落实主体责任和监督责任，强化监督执纪问责，把全面从严治党贯穿于党的建设各方面。党中央召开各领域党建工作会议作出有力部署，推动党的建设全面进步。党中央强调，我们党来自人民、植根人民、服务人民，一旦脱离群众就会失去生命力，全面从严治党必须从人民群众反映强烈的作风问题抓起。党中央从制定和落实中央八项规定破题，坚持从中央政治局做起、从领导干部抓起，以上率下改进工作作风。刹住了一些过去被认为不可能刹住的歪风，纠治了一些多年未除的顽瘴痼疾，党风政风和社会风气为之一新。

中国共产党历来强调，全党必须做到理想信念坚定、组织体系严密、纪律规矩严明。马克思主义信仰、共产主义远大理想、中国特色社会主义共同理想，是中国共产党人的精神支柱和政治灵魂，也是保持党的团结统一的思想基础。党中央强调，理想信念是共产党人精神上的“钙”。共产党人如果没有理想信念，精神上就会“缺钙”，就会得“软骨病”，必然导致政治上变质、经济上贪婪、道德上堕落、生活上腐化。党坚持思想建党和制度治党同向发力，用党的创新理论武装全党，推进学习型政党建设，教育引导广大党员、干部特别是领导干部从思想上正本清源、固本培元，筑牢信仰之基、补足精神之钙、把稳思想之舵，保持共产党人政治本色，挺起共产党人的精神脊梁。党提出和贯彻新时代党的组织路线。要求各级领导干部解决好世界观、人生观、价值观这个“总开关”问题，珍惜权力、管好权力、慎用权力，自觉接受各方面监督，时刻想着为党分忧、为国奉献、为民造福。党坚持党管人才原则，实行更加积极、更加开放、更加有效的人才政策。不断健全组织体系，以提升组织力为重点，增强党组织政治功能和组织功能。坚持纪严于法、执纪执法贯通。坚持依规治党，严格遵守党章，形成比较完善的党内法规体系，严格制度执行，党的建设科学化、制度化、规范化水平明显提高。

党中央强调，腐败是党长期执政的最大威胁，反腐败是一场输不起也决不能输的重大政治斗争，不得罪成百上千的腐败分子，就要得罪 14 亿多人民，必须把权力关进制度的笼子里，依纪依法设定权力、规范权力、制约权力、监督权力。党坚持不敢腐、不能腐、不想腐一体推进，惩治震慑、制度约束、提高觉悟一体发力，确保党和人民赋予的权力始终用来为人民谋幸福。

党的十八大以来，党中央权威和集中统一领导得到有力保证，党的领导制度体系不断完善，党的领导方式更加科学，全党思想上更加统一、政治上更加团结、行动上更加一致，党的政治领导力、思想引领力、群众组织力、社会号召力显著增强。经过坚决斗争，全面从严治党的政治引领和政治保障作用充分发挥，党的自我净化、自我完善、自我革新、自我提高能力显著增强，管党治党宽松软状况得到根本扭转，反腐败斗争取得压倒性胜利并全面巩固，消除了党、国家、军队内部存在的严重隐患，走过百年奋斗历程的中国共产党在革命性锻造中更加坚强有力。

二、走在时代前列，拥有团结奋斗的强大政治凝聚力

团结奋斗是中国人民创造历史伟业的必由之路。纵览党的百年历史，党和人民取得的一切成就都是团结奋斗的结果，团结奋斗是中国共产党和中国人民最显著的精神标识。党的百年奋斗历史铭刻着重要启示，团结就是力量，奋斗开创未来；团结才能胜利、奋斗才会成功。党的二十大报告的标题和大会主题都强调高举中国特色社会主义伟大旗帜，为全面建设社会主义现代化国家、全面推进中华民族伟大复兴而团结奋斗；报告全篇也以“团结奋斗”四字铿锵作结。团结奋斗是贯穿党百年历程的清晰脉络和成功奥秘，是贯穿党的二十大报告的主题词和精神主线。

团结与奋斗紧密相连。党的二十大报告把团结奋斗并肩共提，这给我们深刻启示：能团结奋斗的民族才有前途，能团结奋斗的政党才能立于不败之地。党的百年奋斗历史昭示着人们：围绕明确奋斗目标形成的团结才是最牢固的团结，依靠紧密团结进行的奋斗才是最有力的奋斗。团结奋斗更是必须牢牢把握的时代要求，是习近平总书记提出学习贯彻党的二十大精神要“牢牢把握”的5个方面之一。我们靠团结奋斗创造了辉煌历史，还要靠团结奋斗开辟美好未来。

在新的历史征程上，强调“团结奋斗”具有极其重要的现实意义。2022年初在省部级主要领导干部专题研讨班上，习近平总书记强调，“踔厉奋发、勇毅前行、团结奋斗”；党的二十大前在参观“奋进新时代”主题成就展时再次强调团结奋斗。对“团结奋斗”应当达到程度的比喻同样是历史、今天、未来一脉相连。70多年前，我们党制定的第一个历史决议指出“团结全党同志如同一个和睦的家庭一样，如同一块坚固的钢铁一样”；2022年10月17日，习近平参加广西代表团讨论时再次强调要在党的旗帜下团结成“一块坚硬的钢铁”，心往一处想、劲往一处使，推动中华民族伟大复兴号巨轮

乘风破浪、扬帆远航。

在新的历史征程上，必须坚持和加强党的全面领导。党的二十大报告强调，坚决维护党中央权威和集中统一领导，把党的领导落实到党和国家事业各领域各方面各环节，使党始终成为风雨来袭时全体人民最可靠的主心骨，确保我国社会主义现代化建设正确方向，确保拥有团结奋斗的强大政治凝聚力、发展自信心，集聚起万众一心、共克时艰的磅礴力量。

正是因为走过百年奋斗历程的中国共产党在革命性锻造中更加坚强有力，党的政治领导力、思想引领力、群众组织力、社会号召力显著增强，党同人民群众始终保持血肉联系，中国共产党在世界形势深刻变化的历史进程中始终走在时代前列，在应对国内外各种风险和考验的历史进程中始终成为全国人民的主心骨，在坚持和发展中国特色社会主义的历史进程中始终成为坚强领导核心。在中国共产党的坚强领导下，中国人民的前进动力更加强大、奋斗精神更加昂扬、必胜信念更加坚定，焕发出更为强烈的历史自觉和主动精神，中国共产党和中国人民正信心百倍推进中华民族从站起来、富起来到强起来的伟大飞跃，为人类和平与发展崇高事业作出新的更大的贡献。

中国共产党之所以能够始终走在时代前列，是因为中国共产党人深刻认识到，只有把马克思主义基本原理同中国具体实际相结合、同中华优秀传统文化相结合，坚持运用辩证唯物主义和历史唯物主义，才能正确回答时代和实践提出的重大问题，才能始终保持马克思主义的蓬勃生机和旺盛活力。是因为中国共产党坚定历史自信、文化自信，坚持古为今用、推陈出新，把马克思主义思想精髓同中华优秀传统文化精华贯通起来、同人民群众日用而不觉的共同价值观念融通起来，不断赋予科学理论鲜明的中国特色，不断夯实马克思主义中国化时代化的历史基础和群众基础，让马克思主义在中国牢牢扎根。是因为中国共产党能够从理论和实践的结合上深入回答关系党和国家事业发展、党治国理政的一系列重大时代课题，勇于进行理论探索和创新，以全新的视野深化对共产党执政规律、社会主义建设规律、人类社会发展规律的认识。是因为中国共产党坚持问题导向，把问题视为时代的声音，以回答并指导解决问题作为理论的根本任务，聚焦实践遇到的新问题、改革发展稳定存在的深层次问题、人民群众急难愁盼问题、国际变局中的重大问题、党的建设面临的突出问题，不断提出真正解决问题的新理念新思路新办法。是因为中国共产党在所从事的前无古人的伟大事业中坚持守正创新，以科学的态度对待科学、以真理的精神追求真理，坚持马克思主义基本原理不动摇，坚持党的全面领导不动摇，坚持中国特色社会主义不动摇，不迷失方向、不犯颠覆性错误；同时又紧跟时代步伐，顺应实践发展，以满腔热忱对待一切新生事物，不断拓展认识的广度和深度，敢于说前人没有说过的新话，敢于干前人没有干过的事情，以新的理论指导新的实践，从而能够把握时代、引领时代。

中国共产党之所以能够始终走在时代前列，是因为在这个充满挑战、充满希望的时代，中国共产党坚持解放思想、实事求是、与时俱进、求真务实，一切从实际出发，着眼解决新时代改革开放和社会主义现代化建设的实际问题，不断回答中国之问、世界之问、人民之问、时代之问，作出符合中国实际和时代要求的正确回答，得出符合客观规律的科学认识，形成与时俱进的理论成果，更好指导中国实践，更好地同世界人民携手开创人类更加美好的未来。

第二节　本着对人类前途命运高度负责态度履行大党责任

坚持胸怀天下，是中国共产党百年奋斗在进取中突破，于挫折中奋起，从总结中提高所积累的宝贵历史经验，是中国共产党既为中国人民谋幸福、为中华民族谋复兴，也为人类谋进步、为世界谋大同的使命任务的必然要求，是把握好习近平新时代中国特色社会主义思想的世界观和方法论的“六个必须坚持”的原则之一。中国共产党坚持把马克思主义写在自己的旗帜上，不断推进马克思主义中国化时代化，用博大胸怀吸收人类创造的一切优秀文明成果，用马克思主义中国化的科学理论引领伟大实践。中国共产党始终以世界眼光关注人类前途命运，从人类发展大潮流、世界变化大格局、中国发展大历史正确认识和处理同外部世界的关系。党的二十大报告要求，我们要拓展世界眼光，深刻洞察人类发展进步潮流，积极回应各国人民普遍关切，为解决人类面临的共同问题作出贡献，以海纳百川的宽阔胸襟借鉴吸收人类一切优秀文明成果，推动建设更加美好的世界。

中国共产党始终以世界眼光关注人类前途命运，从人类发展大潮流、世界变化大格局、中国发展大历史正确认识和处理同外部世界的关系；其基本立场，是站在历史正确的一边，站在人类进步的一边，同世界上一切进步力量携手前进；在行为取向上，是弘扬和平、发展、公平、正义、民主、自由的全人类共同价值，坚持开放、不搞封闭，坚持互利共赢、不搞零和博弈，坚持主持公道、伸张正义，由此而引领人类进步潮流。中国共产党坚信人类和平发展进步的潮流不可阻挡，呼吁国际社会坚定信心，携手应对全球性威胁和挑战，推动构建人类命运共同体，共同建设更加美好的世界。中国将坚持走和平发展之路，始终做世界和平的建设者；坚持走改革开放之路，始终做全球发展的贡献者；坚持走多边主义之路，始终做国际秩序的维护者。中国始终坚持维护世界和平、促进共同发展的外交政策宗旨，致力于推动构建人类命运共同体。中国愿同各国秉持共商共建共享理念，弘扬全人类共同价值，践行真正的多边主义，高举和平、发展、合作、共赢的旗帜，为实现世界永续和平发展、为推动构建人类命运共同体而不懈奋斗。

一、务实履行大国大党责任，发出正义声音和建议

中国共产党不仅希望中国人民过上好日子，也希望其他国家人民过上好日子。在发展问题上，中国共产党始终坚持发展自己、兼济天下、造福世界，在致力于实现自身发展的同时，为促进共同发展贡献力量。历史告诉我们，拥抱世界，才能拥抱明天；携手共进，才能行稳致远。中国始终不渝做世界和平的建设者、全球发展的贡献者、国际秩序的维护者。中国共产党同各国政党一起努力，让梦想照进现实，让行动成就未来，回答好“为人民谋幸福与政党的责任”这个重大命题的同时，积极参与引领全球治理体系改革和建设，履行大国大党责任。

中国共产党履行大国大党责任的重要体现，在于中国共产党与各个政党交流如何“携手建设更加美好的世界”所展现出的“志存高远、敢于担当”上。党的十九大以来，在北京就有三次世界政党高层对话会。

2017 年 12 月，在中国共产党与世界政党高层对话会上，习近平主席以《携手建设更加美好的世界》为题，与在座来自世界各国近 300 个政党和政治组织的领导人“分享我们的心得”，表达中方愿同各方推动构建人类命运共同体的真诚愿望。

习近平主席在讲话中告诉国际社会，中国共产党愿广交天下朋友。长期以来，中国共产党同世界上 160 多个国家和地区的 400 多个政党和政治组织保持着经常性联系，“朋友圈”不断扩大。面向未来，中国共产党愿同世界各国政党加强往来，分享治党治国经验，开展文明交流对话，增进彼此战略信任，同世界各国人民一道，推动构建人类命运共同体，携手建设更加美好的世界！

为此，我们要努力建设一个远离恐惧、普遍安全的世界。我们应该坚持共同、综合、合作、可持续的新安全观，营造公平正义、共建共享的安全格

局，共同消除引发战争的根源，共同解救被枪炮驱赶的民众，共同保护被战火烧灼的妇女儿童，让和平的阳光普照大地，让人人享有安宁祥和。我们要努力建设一个远离贫困、共同繁荣的世界。我们应该坚持你好我好大家好的理念，推进开放、包容、普惠、平衡、共赢的经济全球化，创造全人类共同发展的良好条件，共同推动世界各国发展繁荣，共同消除许多国家民众依然面临的贫穷落后，共同为全球的孩子们营造衣食无忧的生活，让发展成果惠及世界各国，让人人享有富足安康。我们要努力建设一个远离封闭、开放包容的世界。我们应该坚持世界是丰富多彩的、文明是多样的理念，让人类创造的各种文明交相辉映，编织出斑斓绚丽的图画，共同消除现实生活中的文化壁垒，共同抵制妨碍人类心灵互动的观念纰缪，共同打破阻碍人类交往的精神隔阂，让各种文明和谐共存，让人人享有文化滋养。我们要努力建设一个山清水秀、清洁美丽的世界。我们应该共同呵护好地球家园，为了我们自己，也为了子孙后代。我们应该坚持人与自然共生共存的理念，像对待生命一样对待生态环境，对自然心存敬畏，尊重自然、顺应自然、保护自然，共同保护不可替代的地球家园，共同医治生态环境的累累伤痕，共同营造和谐宜居的人类家园，让自然生态休养生息，让人人都享有绿水青山。

正是因为政党在国家政治生活中发挥着重要作用，也是推动人类文明进步的重要力量。习近平主席提出，当前，世界格局在变，发展格局在变，各个政党都要顺应时代发展潮流、把握人类进步大势、顺应人民共同期待，把自身发展同国家、民族、人类的发展紧密结合在一起。我们应该志存高远、敢于担当，着眼本国和世界，着眼全局和长远，自觉担负起时代使命。我们应该深入体察民情，把民众需求转化为政党的理念、宗旨、目标，制定符合实际的实施方案。构建人类命运共同体，需要世界各国人民普遍参与。我们应该凝聚不同民族、不同信仰、不同文化、不同地域人民的共识，共襄构建人类命运共同体的伟业。不同国家的政党应该增进互信、加强沟通、密切协作，探索在新型国际关系的基础上建立求同存异、相互尊重、互学互鉴的新型政党关系，搭建多种形式、多种层次的国际政党交流合作网络，汇聚构建人类命运共同体的强大力量。①

2021 年 7 月 6 日，在中国共产党成立 100 周年之际，中国共产党同来自 160 多个国家的 500 多个政党和政治组织等领导人、逾万名政党和各界代表共聚“云端”，举行了“中国共产党与世界政党领导人峰会”。这次峰会之前，170 多个国家的 600 多个政党和政治组织等就中国共产党成立 100 周年发来 1500 多封贺电贺信，表达对中国共产党的友好情谊和美好祝愿。在这次峰会上，中国共产党与各个政党共同探讨“为人民谋幸福与政党的责任”这个重大命题，体现出中国共产党引领时代、把握和塑造未来的努力。

在人类社会再次面临何去何从的历史当口，是敌视对立还是相互尊重？是封闭脱钩还是开放合作？是零和博弈还是互利共赢？在这次峰会的主旨演讲中，习近平主席向与会的各个政党领导人提出：“今天，选择就在我们手中，责任就在我们肩上。”“人类是一个整体，地球是一个家园。面对共同挑战，任何人任何国家都无法独善其身，人类只有和衷共济、和合共生这一条出路。政党作为推动人类进步的重要力量，要锚定正确的前进方向，担起为人民谋幸福、为人类谋进步的历史责任。”②

面对百年未有之大变局和人类共同面临的问题，中国共产党努力履行大国大党责任直面当今世界存在的问题，发出“坚持开放、不搞封闭，坚持互利共赢、不搞零和博弈，坚持主持公道、伸张正义”的正义声音和建设性建议。③

---

① 习近平：《携手建设更加美好的世界——在中国共产党与世界政党高层对话会上的主旨讲话》，人民出版社 2017 年版，第 4 页。

② 习近平：《加强政党合作，共谋人民幸福——在中国共产党与世界政党领导人峰会上的主旨讲话》，《人民日报》2021 年 7 月 7 日。

③ 《中共中央关于党的百年奋斗重大成就和历史经验的决议》，人民出版社 2021 年版。

这样的正义声音体现在掷地有声的宣示中：任何以阻挠他国发展、损害他国人民生活为要挟的政治操弄都是不得人心的，也终将是徒劳的！现行国际体系和国际秩序的核心理念是多边主义。多边主义践行得好一点，人类面临的共同问题就会解决得好一点。国际规则应该是世界各国共同认可的规则，而不应由少数人来制定。国家间的合作应该以服务全人类为宗旨，而不应以小集团政治谋求世界霸权。我们要共同反对以多边主义之名行单边主义之实的各种行为，共同反对霸权主义和强权政治。这样的建设性建议则包括一系列务实考虑。如面对恐怖主义等人类公敌，我们要以合作谋安全、谋稳定，共同扎好安全的“篱笆”。面对脆弱的生态环境，我们要坚持尊重自然、顺应自然、保护自然，共建绿色家园。面对气候变化给人类生存和发展带来的严峻挑战，我们要勇于担当、同心协力，共谋人与自然和谐共生之道。

中国共产党发出的正义声音和建设性建议，包括从人类命运共同体看世界的世界观和方法论，体现出中国共产党所强调的人民渴望富足安康，渴望公平正义。大时代需要大格局，大格局呼唤大胸怀。如怎么看“本国与世界”的比较观察法：“从‘本国优先’的角度看，世界是狭小拥挤的，时时都是‘激烈竞争’。从命运与共的角度看，世界是宽广博大的，处处都有合作机遇”。怎么看“本国差异与共同追求”的求同存异观察法：“各国历史、文化、制度、发展水平不尽相同，但各国人民都追求和平、发展、公平、正义、民主、自由的全人类共同价值。”从“人类命运共同体”看世界的世界观，包括：把“一个都不能少”的思想和担当拓展到怎么实现世界各国人民生存权与发展权上的发展观：“发展是实现人民幸福的关键。在人类追求幸福的道路上，一个国家、一个民族都不能少。世界上所有国家、所有民族都应该享有平等的发展机会和权利。我们要直面贫富差距、发展鸿沟等重大现实问题，关注欠发达国家和地区，关爱贫困民众，让每一片土地都孕育希望。”还包括体现“人民幸福的应有之义”的权利观：“通向幸福的道路不尽相同，各国人民有权选择自己的发展道路和制度模式，这本身就是人民幸福的应有之义。”还包括民主与否“要由这个国家的人民来评判”的民主观。“民主同样是各国人民的权利，而不是少数国家的专利。实现民主有多种方式，不可能千篇一律。一个国家民主不民主，要由这个国家的人民来评判，而不能由少数人说了算!”①

当今世界面临是敌视对立还是相互尊重、是封闭脱钩还是开放合作、是零和博弈还是互利共赢的历史抉择。值此历史性时刻，中国共产党认为，政党要担负起引领方向、凝聚共识、促进发展、加强合作、完善治理的责任。我们要担负起引领方向的责任，把握和塑造人类共同未来。我们要倾听人民心声，顺应时代潮流，推动各国加强协调和合作，把本国人民利益同世界各国人民利益统一起来，朝着构建人类命运共同体的方向前行。我们要担负起凝聚共识的责任，坚守和弘扬全人类共同价值。我们要本着对人类前途命运高度负责的态度，做全人类共同价值的倡导者，以宽广胸怀理解不同文明对价值内涵的认识，尊重不同国家人民对价值实现路径的探索，把全人类共同价值具体地、现实地体现到实现本国人民利益的实践中去。我们要担负起促进发展的责任，让发展成果更多更公平地惠及各国人民。发展是世界各国的权利，而不是少数国家的专利。我们要推动各国加强发展合作、各国人民共享发展成果，提升全球发展的公平性、有效性、协同性，共同反对任何人搞技术封锁、科技鸿沟、发展脱钩。我们要担负起加强合作的责任，携手应对全球性风险和挑战。我们要担负起完善治理的责任，不断增强为人民谋幸福的能力。我们要加强交流互鉴，完善沟通机制、把握社情民意、健全组织体系、提高治理能力，推进适合本国国情的民主政治建设，不断提高为人民谋

① 习近平：《加强政党合作，共谋人民幸福——在中国共产党与世界政党领导人峰会上的主旨讲话》，《人民日报》2021 年 7 月 7 日。

幸福的能力和成效。

同时，作为履行大国大党责任的体现，中国共产党积极真诚对话、交流、互鉴，促进各国政党和各国间的合作。在如何实现现代化上，中国共产党团结带领中国人民深入推进中国式现代化，为人类对现代化道路的探索作出新贡献，既发展自身又造福世界。中国共产党认为，现代化道路并没有固定模式，适合自己的才是最好的，不能削足适履。每个国家自主探索符合本国国情的现代化道路的努力都应该受到尊重。就此，中国共产党愿同各国政党交流互鉴现代化建设经验，共同丰富走向现代化的路径，更好为本国人民和世界各国人民谋幸福。中国共产党团结带领中国人民全面深化改革和扩大开放，为世界各国共同发展繁荣作出新贡献。同时，中国共产党愿同各国政党加强沟通，共同引导经济全球化朝着更加开放、包容、普惠、平衡、共赢的方向发展。我们愿同国际社会加强高质量共建“一带一路”合作，共同为促进全球互联互通做增量，让更多国家、更多民众共享发展成果。中国共产党愿为人类减贫进程贡献更多中国方案和中国力量。因为消除贫困是各国人民的共同愿望，是各国政党努力实现的重要目标。中国将全力支持国际抗疫合作，增强发展中国家疫苗可及性和可负担性。中国将为履行碳达峰、碳中和目标承诺付出极其艰巨的努力，为全球应对气候变化作出更大贡献。

中国共产党履行大国大党责任的重要体现，更在于中国共产党将积极推动完善全球治理，为人类社会携手应对共同挑战作出新贡献。中国将坚决维护联合国宪章宗旨和原则，倡导国际上的事大家商量着办，推动国际秩序和国际体系朝着更加公正合理的方向发展。习近平主席在中国共产党与世界政党领导人峰会上郑重宣布：中国永远是发展中国家大家庭的一员，将坚定不移致力于提高发展中国家在国际治理体系中的代表性和发言权。中国永远不称霸、不搞扩张、不谋求势力范围。中国共产党将同各国政党一道，通过政党间协商合作促进国家间协调合作，在全球治理中更好发挥政党应有的作用。

2023 年 3 月 15 日，在全国两会闭幕后的第二天，中共中央总书记、国家主席习近平出席中国共产党与世界政党高层对话会。这是近年来习近平总书记第三次出席由中国共产党主办的全球性政党盛会，也是中共二十大之后习近平总书记在国内出席的首场重大多边外交活动。随着中共二十大胜利召开，“中国式现代化”更成为世界关注重点。这次来自 150 多个国家的 500 多个政党和政治组织的领导人出席的高层对话会以“现代化道路：政党的责任”为主题，与 2017 年高层对话会主题“构建人类命运共同体、共同建设美好世界：政党的责任”，和 2021 年峰会的主题“为人民谋幸福：政党的责任”一样，同样都把“政党的责任”列进主题。习近平总书记在《携手同行现代化之路》的主旨讲话中指出：人类社会现代化进程又一次来到历史的十字路口。面对“两极分化还是共同富裕？物质至上还是物质精神协调发展？竭泽而渔还是人与自然和谐共生？零和博弈还是合作共赢？照抄照搬别国模式还是立足自身国情自主发展？我们究竟需要什么样的现代化？怎样才能实现现代化？”这一系列现代化之问，“政党作为引领和推动现代化进程的重要力量，有责任作出回答。”

在这个主旨讲话中，习近平总书记提出 5 点主张：一是要坚守人民至上理念，突出现代化方向的人民性；二是要秉持独立自主原则，探索现代化道路的多样性；三是要树立守正创新意识，保持现代化进程的持续性；四是要弘扬立己达人精神，增强现代化成果的普惠性；五是要保持奋发有为姿态，确保现代化领导的坚定性。并特别强调：“作为现代化事业的引领和推动力量，政党的价值理念、领导水平、治理能力、精神风貌、意志品质直接关系国家现代化的前途命运。”在这个主旨讲话中，习近平总书记指出，“中国共产党 100 多年团结带领中国人民追求民族复兴的历史，也是一部不断探索现代化道路的历史。经过数代人不懈努力，我们走出了中国式现代化道路。”

强调中国式现代化既基于自身国情、又借鉴各国经验，既传承历史文化、又融合现代文明，既造福中国人民、又促进世界共同发展，是我们强国建设、民族复兴的康庄大道，也是中国谋求人类进步、世界大同的必由之路。还特别强调：我们将始终把自身命运同各国人民的命运紧紧联系在一起，努力以中国式现代化新成就为世界发展提供新机遇，为人类对现代化道路的探索提供新助力，为人类社会现代化理论和实践创新作出新贡献。

在这个主旨讲话中，习近平总书记提出了“全球文明倡议”，强调中国共产党将致力于推动文明交流互鉴，促进人类文明进步。并进一步阐述了文明与现代化之间的内在逻辑。“当今世界不同国家、不同地区各具特色的现代化道路，植根于丰富多样、源远流长的文明传承。人类社会创造的各种文明，都闪烁着璀璨光芒，为各国现代化积蓄了厚重底蕴、赋予了鲜明特质，并跨越时空、超越国界，共同为人类社会现代化进程作出了重要贡献。”并指出：“中国式现代化作为人类文明新形态，与全球其他文明相互借鉴，必将极大丰富世界文明百花园。”①

正是因为努力务实地履行大国大党责任，构建人类命运共同体成为引领时代潮流和人类前进方向的鲜明旗帜，我国国际影响力、感召力、塑造力显著提升。

二、以世界眼光关注人类前途命运、引领进步潮流

中国共产党是为中国人民谋幸福的党，也是为人类进步事业而奋斗的党。中国共产党所做的一切，就是为中国人民谋幸福、为中华民族谋复兴、

① 习近平：《携手同行现代化之路——在中国共产党与世界政党高层对话会上的主旨讲话》，《人民日报》2023 年 3 月 16 日。

为人类谋和平与发展。中国共产党是民主的忠实追求者、积极探索者和模范实践者，不但在党内实行民主、在中国发展全过程人民民主，而且在国际上大力推动国际关系民主化。新中国成立之初就鲜明提出，和平共处五项原则应该成为世界各国建立和发展相互关系的准则。按照这一原则，中国与许多国家建立和发展了双边关系。面对世界百年未有之大变局，中国高举和平、发展、合作、共赢的旗帜，推动建设相互尊重、公平正义、合作共赢的新型国际关系，推动国际关系民主化。面对全球范围内经济、科技等领域竞争，中国不是把对方视为对手，而是视为伙伴；不是搞冷战和对抗、控制和操纵，而是促进交流合作、实现互利共赢。中国始终秉持伙伴精神发展与各国关系，构建总体稳定、均衡发展的大国关系框架，按照亲诚惠容理念和与邻为善、以邻为伴周边外交方针深化同周边国家关系，秉持正确义利观和真实亲诚理念加强同发展中国家团结合作。在人类社会应该向何处去的历史关口，中国共产党坚持弘扬和平、发展、公平、正义、民主、自由的全人类共同价值，引领人类进步潮流。

历史有其规律和逻辑。世界潮流，浩浩荡荡，顺之则昌，逆之则亡。历史告诉我们，一个国家要发展繁荣，必须把握和顺应世界发展大势，反之必然会被历史抛弃。当前，世界百年未有之大变局加速演进，和平发展进步力量不断增长，人类和平发展进步的潮流不可阻挡。什么是当今世界的潮流？答案只有一个，那就是和平、发展、合作、共赢。

中国人民的梦想同各国人民的梦想息息相通。中国成功推进和拓展了中国式现代化，正领导中国人民在中国特色社会主义道路上不可逆转地走向中华民族伟大复兴，本身就是为人类作出的贡献。正如十九届六中全会通过的《决议》所指出的，中国特色社会主义新时代是我国不断为人类作出更大贡献的时代。在中国特色社会主义新时代，党把握新时代外交工作大局，紧扣服务民族复兴、促进人类进步这条主线，高举和平、发展、合作、共赢的旗帜；不仅运筹大国关系，推进大国协调和合作；还秉持正确义利观和真实亲诚理念加强同广大发展中国家团结合作，整体合作机制实现全覆盖。正因为这一系列努力，中国一定能够不断为人类文明进步贡献智慧和力量，同世界各国人民一道，推动历史车轮向着光明的前途前进。

联合国的成立是人类和平与发展事业的里程碑事件。中国作为创始会员国，第一个在《联合国宪章》上签字。1971 年 10 月 25 日，第 26 届联合国大会以压倒多数通过第 2758 号决议，决定恢复中华人民共和国在联合国的一切权利，承认中华人民共和国政府的代表是中国在联合国的唯一合法代表。这是世界公道正义的胜利，也是《联合国宪章》宗旨和原则的胜利。自此，占世界人口近四分之一的中国人民在联合国有了真正代表，联合国的普遍性、代表性和权威性得到切实增强，国际社会坚持一个中国原则的格局得到极大巩固和发展，世界和平与发展的力量得到空前壮大。① 历史地看，新中国恢复在联合国合法席位，是世界上的一个大事件，也是联合国的一个大事件。这是世界上一切爱好和平和主持正义的国家共同努力的结果，标志着占世界人口四分之一的中国人民从此重新走上联合国舞台。这对中国、对世界都具有重大而深远的意义。

中国坚定维护世界和平与安全。中国始终高举和平、发展、合作、共赢的旗帜，坚持客观公正立场，坚持倡导通过对话协商化解分歧，坚持不干涉内政原则，坚决反对在国际事务中动辄使用或威胁使用武力，积极参与朝鲜半岛核、伊朗核、阿富汗、缅甸、巴以、叙利亚、利比亚、苏丹、南苏丹等重大地区热点问题的政治解决，不断探索和实践具有中国特色的国际和地区热点问题解决之道。中国努力维护安理会权威和团结，积极支持联合国依据授权开展斡旋，支持联合国同区域和次区域组织协调合作，为维护世界和平

① 中华人民共和国外交部：《中国联合国合作立场文件》，《人民日报》2021 年 10 月 23 日。

安全作出贡献。中国坚持多边主义、维护世界和平、促进共同发展的初心未改，坚定支持联合国在国际事务中发挥更大作用。站在新的历史起点上，中国将同世界各国携手前行，为推动构建人类命运共同体而不懈努力！①

面向未来，中国将继续高举和平、发展、合作、共赢的旗帜，始终不渝走和平发展道路、奉行互利共赢的开放战略。中国将继续积极维护国际公平正义，主张世界上的事情应该由各国人民商量着办，不会把自己的意志强加于人。中国将继续积极推进“一带一路”建设，加强同世界各国的交流合作，让中国改革发展造福人类。中国将继续积极参与全球治理体系变革和建设，为世界贡献更多中国智慧、中国方案、中国力量，推动建设持久和平、普遍安全、共同繁荣、开放包容、清洁美丽的世界，让人类命运共同体建设的阳光普照世界！

中国坚信，中国梦是追求和平的梦。中国梦需要和平，只有和平才能实现梦想。千百年来，人类都梦想着持久和平，人们希望通过文明交流、平等教育、普及科学，消除隔阂、偏见、仇视，播撒和平理念的种子。中华民族是爱好和平的民族。有着5000多年历史的中华文明，始终崇尚和平，和平、和睦、和谐的追求深深植根于中华民族的精神世界之中，深深溶化在中国人民的血脉之中。中国自古就提出了“国虽大，好战必亡”的箴言。以和为贵、和而不同、化干戈为玉帛、国泰民安、睦邻友邦、天下太平、天下大同等理念世代相传。中华民族历来是爱好和平的民族。中华文化崇尚和谐，中国“和”文化源远流长，蕴含着天人合一的宇宙观、协和万邦的国际观、和而不同的社会观、人心和善的道德观。在5000多年的文明发展中，中华民族一直追求和传承着和平、和睦、和谐的坚定理念。以和为贵，与人为善，

① 习近平：《在中华人民共和国恢复联合国合法席位50周年纪念会议上的讲话》，《人民日报》2021年10月26日。

己所不欲、勿施于人等理念在中国代代相传，深深植根于中国人的精神中，深深体现在中国人的行为上。中国历史上曾经长期是世界上最强大的国家之一，但没有留下殖民和侵略他国的记录。我们坚持走和平发展道路，是对几千年来中华民族热爱和平的文化传统的继承和发扬。天下太平、共享大同是中华民族绵延数千年的理想。历经苦难，中国人民珍惜和平，希望同世界各国一道共谋和平、共护和平、共享和平。因而，中国坚持和平发展道路，同世界上一切进步力量携手前进，既通过维护世界和平发展自己，又通过自身发展维护世界和平。

中国坚信，人民友好是促进世界和平与发展的基础力量，是实现合作共赢的基本前提，相互信任、平等相待是开展合作、实现互利互惠的先决条件。各国人民只有用友好的理念、友好的情谊凝聚起来，才能实现和平与发展的共同心愿。和平是宝贵的，和平也是需要维护的，破坏和平的因素始终值得人们警惕。大家都只想享受和平，不愿意维护和平，那和平就将不复存在。中国人民坚持走和平发展道路，也真诚希望世界各国都走和平发展这条道路，共同应对威胁和破坏和平的各种因素，携手建设持久和平、共同繁荣的和谐世界。和平与发展是我们的共同事业，公平正义是我们的共同理想，民主自由是我们的共同追求。

中国共产党从人民中走来、依靠人民发展壮大，历来有着深厚的人民情怀，不仅对中国人民有着深厚情怀，而且对世界各国人民有着深厚情怀，不仅愿意为中国人民造福，也愿意为世界各国人民造福。

这，就是中国成就最重要的世界意义。

责任编辑：余 平
封面设计：林芝玉

图书在版编目（CIP）数据

中国成就的世界意义 / 陆小华 著 . — 北京：人民出版社，2024.1
ISBN 978 – 7 – 01 – 025919 – 2

I. ①中… II. ①陆… III. ①社会主义建设成就 – 研究 – 中国
IV. ① D619

中国国家版本馆 CIP 数据核字（2023）第 171319 号

中国成就的世界意义
ZHONGGUO CHENGJIU DE SHIJIE YIYI

陆小华 著

人民出版社 出版发行
（100706 北京市东城区隆福寺街 99 号）

中煤（北京）印务有限公司印刷 新华书店经销

2024 年 1 月第 1 版 2024 年 1 月北京第 1 次印刷
开本：710 毫米 ×1000 毫米 1/16 印张：14.75
字数：168 千字

ISBN 978 – 7 – 01 – 025919 – 2 定价：68.00 元

邮购地址 100706 北京市东城区隆福寺街 99 号
人民东方图书销售中心 电话（010）65250042 65289539